"Hauntingly beautiful poems... A sparkling mind, mature and sophisticated well beyond her youthful years. I remember Tenny as among a handful of the most brilliant students I have encountered throughout my life."

– Sebouh David Aslanian, UCLA Professor and Richard Hovannisian Endowed Chair in Modern Armenian History

«Դասական դարձած գրողները յարգելով ծառայ չեղաւ Թենի անոնց ոճին կամ գաղափարներուն, այլ այդ ինքնավստահութեամբ որ բնորոշ էր բոլոր ըրածներուն կերտած է իր սեփական գործիքը իբրեւ անօթ իր մտքերուն համար։ Ինչպէս իրենց ժամանակին Զահրատ եւ Խրախունի հայկական բանաստեղծութեան համար նոր ճամբայ բացած են, Թենիի ստեղծագործութիւնները նոր փուլ կը թեւակոխեն Սփիւռքի գրական պատմութեան մէջ… Թենի դարձած է ռահվիրայ իր գրական ճամբայով»։

– Փիթըր Քաուի, UCLA-ի Նարեկացի Հայագիտական ամբիոնի փրոֆեսոր

"While respecting the classic writers, Tenny was not a slave to their style or ideas, but with that same self-confidence which was the hallmark of all her endeavors, she fashioned her own instrument to be the vessel of her thoughts. As in their own time, Zahrad and Khrakhuni opened a new path for Armenian poetry, Tenny's creative work marks a new phase in the literary history of the Diaspora... Tenny has become a pioneer by her literary path."

– Peter Cowe, Narekatsi Professor of Armenian Studies at UCLA

«2021ին լոյս տեսած, 104 էջերով հատորին մէջ ամփոփ-ուած է ամբողջ աշխարհ մը։ Այո՛, նոր ու զարմանահրաշ աշխարհ մը, որ գուցէ չունդալից պատակի մը պէս կը փորձէ հասնիլ բոլոր անոնց, որ իրենց մտքէն անցնելու համարձակութիւնը ունին, կամ կ'արտօնեն իրենք իրենց ըսելու, եւ հոս հոն կրկնելու, թէ 'հայերէնը ինչի՞ կը ծառայէ'»։

– *Զարմինէ Գ. Պօղոսեան, կրթական մշակ, գրող, հրապարակագիր*

“Miracles do happen.”

– Arpi Sarafian, *Armenian Mirror-Spectator*

“To describe Tenny Arlen as a trailblazer would be to bestow that term upon the artist without exaggerating its definition.”

– David Garyan, poet, journalist, and editor of *LAdige* literary journal

«Հոյակապ, խորամիտ եւ խորապէս գեղեցիկ գրութիւն-ներ… Այս գիրքը, Թենիի գործը, ստեղծագործական ճամբան լուսաւորած է բոլորիս համար»։

– *Ալեքսիա Հաթուն, գրող եւ դոկտորական ուսանող*, UCLA

“Magnificent, profound, and profoundly beautiful writings... This book, Tenny’s work, has illuminated the creative path for all of us.”

– Alexia Hatun, writer and doctoral student, UCLA

«Նշանակալից պահ մը հայ գրականութեան համար… Դէպի դասական հայ գրականութիւն վերադառնալու առընթեր, այս ժողովածուն նոր էջ կը հանդիսանայ գրական աւանդութեան համար, յատկապէս նորաշխարհեան բնոյթով. Նոր աշխարհ մը՝ այսինքն Հիւսիսային եւ Հարաւային Ամերիկա, ուր որոշ հայախօսներ նոր հանդիպած կ՛ըլլան լեզուին, բայց միեւնոյն ատեն կը փափաքին ներդրում ունենալ իբրեւ հայերէնով ստեղծագործողներ… Թէ՛ հոգիի խորաթափանցութիւն, եւ թէ՛ լեզուի ճարտարութիւն կը բնութագրեն Արլէնի բանաստեղծութիւնը, որ դրսեւորումն է իրեն յատուկ բանաստեղծական անզուգական գիտակցութեան մը»։

– Արթիւր Իբէք, բանաստեղծ եւ գրականագէտ

"A watershed moment for the Armenian literary tradition… In addition to inaugurating a return to the classics of Armenian literature, this collection simultaneously ushers in a new moment for the Armenian literary tradition, in the idiom of the New World. In this New World, there are Armenian speakers who might be completely new to the language, yet may have much to contribute to the creation of works in Armenian… Both a profound soul and linguistic dexterity characterize Arlen as a poet. Her extant work is a manifestation of a poetic consciousness unique to her."

– Arthur Ipek, poet and literary scholar

«Սկիզբէն իսկ Թենին փորձեց ստեղծագործել հայերէն, նոյնիսկ երբ բան չէր հասկնար։ Դէպի լեզու իր ուղեւորութիւնը ինք կ՚ըմբռնէր որպէս ստեղծագործական գործընթաց՝ արարումով ինքնացումի հասնելու միջոց եւ ուղի… Լեզուի կենսունակութիւնը, վերակենսաւորումը, աշխուժացումը՝ բոլոր այդ բաները կը պատահին ո՛չ թէ զայն սրբազան մասունքի պէս պատուելով, այլ անոր հետ խաղալով, կռուելով, սիրուըռտելով, այս գիրքի վերնագրի բառերով՝ կիրքով ըսելով՝ ինչո՞ւ հոս եմ»։

– *Յակոբ Կիւլլիւճեան,* UCLA-*ի աւագ դասախօս. Հայ լեզուի եւ մշակոյթի Խաչիկեան դասախօսական ամպիոնի վարիչ*

"From the very beginning, Tenny attempted to create in Armenian, even when she did not understand much of the language. She understood her journey toward the language as a creative process, a means and a way to achieve self-actualization through creation... Vitality, vigor, revitalization of the language—all these things happen not by honoring it as a sacred relic, but by playing with it, wrestling, flirting, making love with it, in the words of the title of this book, *by saying passionately, why am I here?*"

– Hagop Gulludjian, UCLA Senior Lecturer; holder of Kachigian Lectureship in Armenian Language and Culture

ԿԻՐՔՈՎ ԸՍԵԼՈՒ՝
ԻՆՉՈՒ՛ ՀՈՍ ԵՄ

TO SAY WITH PASSION: WHY AM I HERE?

TENNY ARLEN

ԹԵՆԻ ԱՐԼԷՆ

ԹԱՐԳՄԱՆՈՒԹԻՒՆ՝
ԹԵՆԻ ԵՒ ՃԵՍԻ ԱՐԼԷՆ

TRANSLATED BY
TENNY AND JESSE ARLEN

Tarkmaneal Press
New York, NY
2025

Copyright © 2025 Jesse S. Arlen

All rights reserved. No part of this publication may be used or reproduced in any manner whatsoever without the prior written permission of the publisher, except for brief quotations in reviews or other noncommercial use as permitted by United States copyright law.

ISBN: 979-8-9898845-4-4 (Hardcover)
        979-8-9898845-5-1 (Paperback)

Cover design by Meghan Arlen
Layout by Matthew J. Sarkisian

First Bilingual Edition Published 2025
by Tarkmaneal Press, New York, NY

CONTENTS ✣ ԲՈՎԱՆԴԱԿՈՒԹԻՒՆ

FOREWORD TO THE BILINGUAL EDITION
ՅԱՌԱՋԱԲԱՆ ԵՐԿԼԵԶՈՒ ՏՊԱԳՐՈՒԹԵԱՆ VI

POETRY
ԲԱՆԱՍՏԵՂԾՈՒԹԻՒՆՆԵՐ

✣ NIGHT
ԳԻՇԵՐ 2

✣ POETRY
ԲԱՆԱՍՏԵՂԾՈՒԹԻՒՆ 4

✣ NARRATIVE
ՊԱՏՈՒՄԸ 6

✣ WORDS
ԲԱՌԵՐ 10

✣ THE SILVER STAIRCASE
ԱՐԾԱԹԷ ՍԱՆԴՈՒԽԸ 14

✣ MY MIND
ՄԻՏՔՍ 18

✣ ENDLESS BEGINNING
ԱՆՎԵՐՋ ՍԿԻԶԲ 20

✣ THE QUESTION OF THE ARMENIAN LANGUAGE
ՀԱՅ ԼԵԶՈՒԻ ԽՆԴԻՐԸ 22

✣ AWAKING
ԶԱՐԹՆՈՒՄ 24

✣ EBB AND FLOW
ՏԵՂԱՏՈՒՈՒԹԻՒՆ ԵՒ ՄԱԿԸՆԹԱՑՈՒԹԻՒՆ 28

✣ JOURNEY
ԳՆԱՑՔ 30

I

- ✤ Night
  ԳԻՇԵՐ   32
- ✤ I and I
  ԵՍ ՈՒ ԵՍ   36
- ✤ Photographs
  ԼՈՒՍԱՆԿԱՐՆԵՐ   38
- ✤ The Big City
  ՄԵԾ ՔԱՂԱՔԸ   40
- ✤ We
  ՄԵՆՔ   42
- ✤ Mist
  ՄՇՈՒՇ   46
- ✤ Musing
  ՄՏՄՏԱԼՈՎ   48
- ✤ Say
  ԸՍԵԼ   50
- ✤ Hospital
  ՀԻՎԱՆԴԱՆՈՑ   54
- ✤ Until
  ՄԻՆՉԵՒ   56
- ✤ Unfinished
  ԱՆԱՒԱՐՏ   58
- ✤ You Were
  ԵՂԱՐ   60
- ✤ Old and New
  ՀԻՆ ՈՒ ՆՈՐ   64
- ✤ Swans
  ԿԱՐԱՊՆԵՐ   68
- ✤ Flower
  ԾԱՂԻԿ   74

- ✢ DREAM
  ԵՐԱԶ 78
- ✢ LIGHT
  ԼՈՅՍ 82
- ✢ FAREWELL
  ՄՆԱՍ ԲԱՐՈՎ 84
- ✢ WINDOW
  ՊԱՏՈՒՀԱՆ 86
- ✢ MARGIN
  ԼՈՒՍԱՆՑՔ 88
- ✢ TWO
  ԵՐԿՈՒՔ 90
- ✢ HERE THERE
  ԱՅՍ ԱՆԴ 92
- ✢ MEMOIRS
  ՅՈՒՇԱԳՐՈՒԹԻՒՆՆԵՐ 96
- ✢ BEAUTY
  ԳԵՂԵՑԿՈՒԹԻՒՆ 110
- ✢ STILLBORN
  ՄԵՌԵԼԱԾԻՆ 114

APPENDIX 1: PROSE
ՅԱՒԵԼՈՒԱԾ Ա. ԱՐՁԱԿ
- ✢ CENTER
  ԿԵԴՐՈՆ 126
- ✢ POET
  ԲԱՆԱՍՏԵՂԾ 128
- ✢ BEAUTY
  ԳԵՂԵՑԿՈՒԹԻՒՆ 130
- ✢ SOUL
  ՈԳԻ 133

- ✤ WITH WORDS
  ԲԱՌԵՐՈՎ 134
- ✤ ANTAP
  ԱՅՆԹԱՊ 136
- ✤ THE LIGHT
  ԼՈՅՍԸ 140
- ✤ WHY?
  ԻՆՉՈ՞Ւ 142

APPENDIX 2: NEWLY DISCOVERED WRITINGS
ՅԱՒԵԼՈՒԱԾ Ա. ՆՈՐԱԳԻՒՏ ԳՐՈՒԹԻՒՆՆԵՐ
- ✤ TWO *HAYREN*S
  ԵՐԿՈՒ ՀԱՅՐԷՆ 146
- ✤ GOOD SAMARITAN
  ԲԱՐԻ ՍԱՄԱՐԱՑԻ 148
- ✤ MY ARARAT
  ԻՄ ԱՐԱՐԱՏՍ 150

APPENDIX 3: MANUSCRIPTS
ՅԱՒԵԼՈՒԱԾ Գ. ՁԵՌԱԳԻՐՆԵՐ 154

AFTERWORD TO THE FIRST EDITION
ՅԵՏԳՐՈՒԹԻՒՆ ԱՌԱՋԻՆ ՏՊԱԳՐՈՒԹԵԱՆ
- ✤ TENNY AND SOGHOVME
  ԹԵՆԻՆ ՈՒ ՍՈՂՈՎՄԷՆ 164

AFTERWORD TO THE BILINGUAL EDITION
ՅԵՏԳՐՈՒԹԻՒՆ ԵՐԿԼԵԶՈՒ ՏՊԱԳՐՈՒԹԵԱՆ
- ✤ ECCE PHILOMELA OBISPOENSIS
  ԱՀԱ ՕԲԻՍՊՈՍԵԱՆ ՓԻԼՈՄԵԼԸ 184

ՅԱՌԱՋԱԲԱՆ
ԵՐԿԼԵԶՈՒ ՏՊԱԳՐՈՒԹԵԱՆ

✣

Foreword to
the Bilingual Edition

Սոյն գիրքին մէջ գտնուող քերթուածները գրուած են 2011 *աշունէն* 2013 *գարուն, երբ Թենի Արլէն կը հետեւէր* UCLA *համալսարանի մէջ դոկտ. Յակոբ Կիւլլիւճեանի արեւմտահայերէն դասերուն։ Իւրաքանչիւրին անունը ստորագրուած է՝ Թենի Առաքելեան, ընտանիքիս բուն մականունը, ինչպէս ես ալ ըրած էի երբ նոյն դասերը կ՚առնէի* 2009*-էն* 2011. *Աւարտելէն ետք՝* 2013*-ին, Դոկտ. Կիւլլիւճեան Թենիին թելադրեց որ քերթուածները հրատարակութեան պատրաստէ, բան մը որ Թենի ըրաւ ինքնաշարժի արկածի մը հետեւանքով* 2015*-ին մահանալէն առաջ։* 2021*-ին Դոկտ. Կիւլլիւճեանի խմբագրութեամբ եւ Գալուստ Կիւլպէնկեան հիմնարկութեան աջակցութեամբ Երեւանի ԱՐԻ գրականութեան հիմնադրամը Թենիի բանաստեղծութեան յետմահու գիրքը հրատարակեց հետեւեալ խորագիրով.* Կիրքով ըսելու՝ ինչո՞ւ հոս եմ, «*Հայ լեզուի խնդիրը*» *քերթուածին վերջին տողէն փոխ առնուած։*

Վստահ ըլլալու համար թէ իր ըսել ուզածը ճշգրտօրէն կ՚արտայայտէր, Թենի ինքը անգլերէնի տառացի թարգմանութիւններ պատրաստած էր, որպէսզի ուսուցիչը, Դոկտ. Կիւլլիւճեան, կարենար գրութիւնները խմբագրել։ Նոյն տառացի թարգմանութիւնները հիմք եղան երկլեզու սոյն տպագրութեան անգլերէնի թարգմանութիւններուն, զորոնք ես մեղմօրէն խմբագրեցի, որպէսզի ոչ հայախօս մեր ընտանիքը, ընկերները եւ գործընկերները կարենան այս գրութիւնները կարդալ։ Նոյն ատեն կը յուսանք որ Թենիի բանաստեղծութիւնը աւելի լայն ընթերցողութեան հասնի։

Սոյն հատորին մէջ կը գտնուի ամէն ինչ որ կը գտնուէր առաջին տպագրութեան մէջ, այս անգամ երկլեզու ձեւով, ներառեալ յաւելուածը, որ կը պա-

Tenny Arlen wrote the poems found in this book between Fall 2011 and Spring 2013, while an undergraduate student at UCLA taking Western Armenian classes with Dr. Hagop Gulludjian. To each poem she signed her name in Armenian, ***Թենի Առաքելեան*** (Tenny Arakelian), using the original form of our family last name, as I myself had done when enrolled in the same classes from 2009 to 2011. Upon graduation in 2013, Dr. Gulludjian encouraged Tenny to prepare her poems for publication in a book, which Tenny did over the course of the next year. Her untimely passing in a car accident in 2015 cut short the project before it could be brought to completion. In 2021, under Dr. Gulludjian's editorship, her posthumous volume of poetry was published in Armenia by ARI Literature Foundation with the help of the Calouste Gulbenkian Foundation under the title *To Say with Passion: Why Am I Here?*, a line taken from her poem entitled "The Question of the Armenian Language".

In order to ensure that she was expressing her intended meaning, Tenny herself prepared literal English translations of the first drafts of her poems so that her teacher, Dr. Gulludjian, could edit her writing. These literal translations form the basis of the English translations found in this new bilingual edition, lightly edited by myself, which is published at the request of so many family, friends, and colleagues who are unable to appreciate her poems in the Armenian original. It is likewise our hope that thus her poetry will reach a broader readership.

We present here everything found in the first edition of the book but now in a facing page bilingual format, including the appendix of Tenny's prose works

րունակէ Թենիի արձակ գործերը, ինչպէս նաեւ Դոկտ. Կիւլլիւճեանի յետգրութիւնը։

Նոր են այս տպագրութեան՝ երկրորդ եւ երրորդ յաւելուածները։ Երկրորդին մէջ առաջին անգամ ըլլալով կը հրատարակուին քանի մը գրութիւններ, որոնք վերջերս գտնուեցան Թենիի թուղթերուն մէջ։

Գրեթէ անհաւատալի է որ մէկը կարող ըլլար այսպիսի գեղեցիկ գրութիւններ գրել նոր լեզու մը սորվելէն նուազ քան երկու տարի ետք. երեւոյթ մը որ երեւակայել կու տայ թէ ի՛նչպիսի գեղեցիկ գործեր պիտի արտադրէր այս գրողը, եթէ առիթ ունենար գրելու լեզուին տիրանալէն տարիներ յետոյ։ Իր զարմանալի կարողութեան մէկ վկայութիւնը տալու, ինչպէս նաեւ ստեղծագործելու եւ խմբագրելու գործընթացը ցոյց տալու համար, սոյն հատորը կը ներառէ ութ քերթուածներու ձեռագիրները, ոմանք դոկտ. Կիւլլիւճեանի խմբագրումներով, որոնք կը գտնուին երրորդ յաւելուածին մէջ։

Գիրքին վերջաւորութեան կան երկու փորձագրութիւն Թենիի եւ իր բանաստեղծութեան մասին։ Առաջինը յետգրութիւնն է առաջին տպագրութեան՝ դոկտ. Յակոբ Կիւլլիւճեանի կողմէ, զոր ես անգլերէնի թարգմանեցի, եւ որուն մէջ կը պատմուի Թենիի ստեղծագործելու ճանապարհը եւ իր տպաւորիչ իրագործումը՝ առաջին ամերիկածին անձը ըլլալ որ գեղարուեստական գրականութեան լիարժէք ծաւալով հատոր մը գրած ըլլայ հայերէնով։ Երկրորդին մէջ բանաստեղծ ու քննադատ Արթիւր Իբէք կ՚անդրադառնայ Թենիի բանաստեղծութեան՝ իբրեւ դրսաբանութեան (exophony) օրինակ, այսինքն մայրենի լեզուէն տարբեր լեզուով մը ստեղծագործելու իրողութիւնը։ Նոյն փորձագրութեան մէջ Իբէք հատորին գլխաւոր թէմաներէն ոմանք կը լուսաբանէ, ուրիշ

that were included after the body of poetry in the first edition, as well as the afterword by Dr. Gulludjian.

New to this edition are the second and third appendices. The second appendix includes a few newly discovered writings found among Tenny's papers that were not included in the first edition of this book.

It is almost unbelievable that anyone could have written such beautiful works after less than two years of studying a new language, and one can only imagine what beauty Tenny may have produced had she had the opportunity to create after further years of study and mastery of the language. In order to witness to her remarkable ability and give a glimpse behind the scenes into the creative and editorial process, we have included eight manuscripts of the first drafts of her poems, some showing Dr. Gulludjian's edits, in Appendix 3.

At the end of the book are found two essays on Tenny and her poetry. The first is the afterword to the first edition, written by Dr. Hagop Gulludjian and translated into English by myself, which tells of Tenny's creative journey in the UCLA Armenian language classes and the significance of her remarkable achievement of having produced the first full-length work of creative literature in Armenian by a writer born in America. The second is by poet and critic Arthur Ipek, who reflects on Tenny's poetry as an example of exophony (creative writing in a non-native language), highlighting some principal themes in her work and tracing their connection with authors and thinkers that Tenny read and cited, and evaluating her place in the

հեղինակներու եւ մտաւորականներու գործերուն հետ անոնց առընչութիւնը ուրուագծելով, եւ Թենիի տեղը արժեւորելով հայ գրական աւանդութեան մէջ։

Թենի շատ աւելի գրած է անգլերէնով քան հայերէնով։ Այս երկու լեզուներով իր բանաստեղծութիւններուն առընչութիւնը ցուցնելու համար, երեք քերթուած՝ «Յուշագրութիւններ», «Գեղեցկութիւն», եւ «Մեռելածին», զորս հեղինակը անգլերէնով գրած էր եւ յետոյ դոկտ. Կիւլլիւճեան թարգմանած էր հայերէնի, դրուած էին առաջին տպագրութեան հաւաքածոյին վերջաւորութեան։ Նոյն տեղը կը գրաւեն այս քերթուածները սոյն հատորին մէջ, այն տարբերութեամբ որ նախ անգլերէնը կը դրուի եւ ապա հայերէն թարգմանութիւնը, որպէսզի ընթերցողը հասկնայ որ անգլերէնն է բնագիրը։

Սոյն տողերու հեղինակին յոյսն է որ ապագային Թենիի անգլերէն բանաստեղծութեան արտադրութիւնը պիտի հրատարակուի, թերեւս հայերէն թարգմանութեամբ եւս։

Ճեսի Սիրական Արլէն

Armenian literary tradition.

Tenny wrote much more poetry in English than Armenian. To show the connection between her creative work in these two languages, three poems "Memoirs", "Beauty", and "Stillborn", originally written by Tenny in English, were translated into Armenian by Dr. Gulludjian and included at the end of the collection of poetry in the first edition. In this edition, these poems are presented in the same place as the original edition, but we present first the English original on the left (verso) side of the page, with the Armenian translation on the facing right (recto) side of the page, in order to alert readers to the fact that these poems were originally written in English.

It is the hope of the present writer that in the future Tenny's English-language poetry will be published, perhaps along with Armenian translations.

Jesse Siragan Arlen

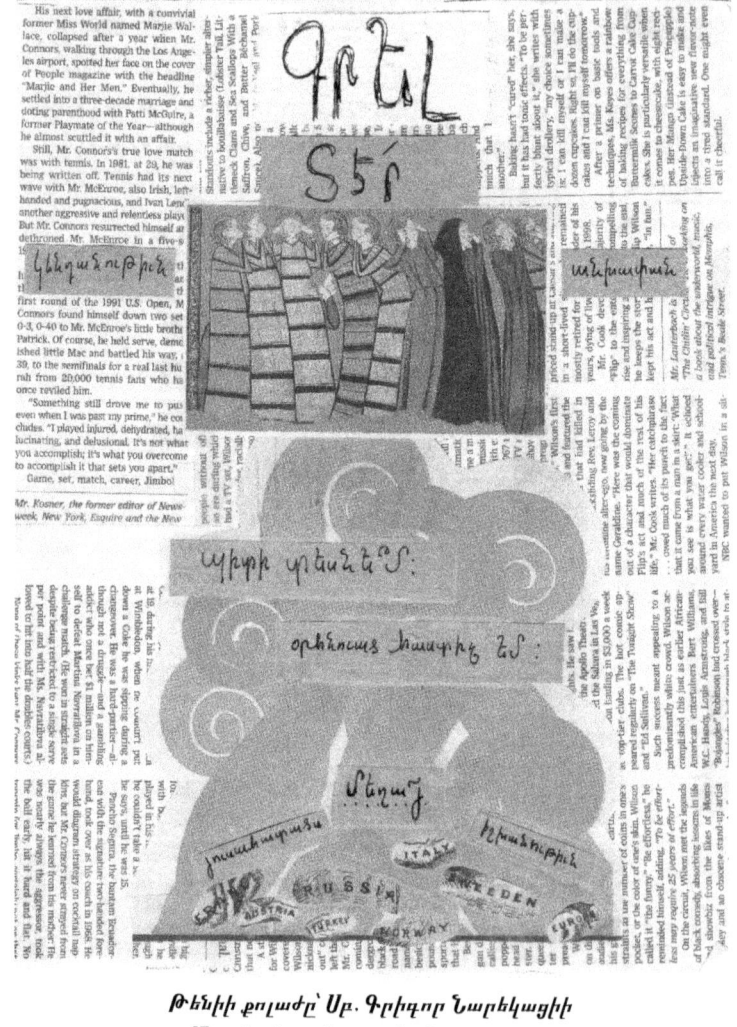

Թենիի քոլաժը՝ Սբ. Գրիգոր Նարեկացիի
Մատեան ողբերգութեան*ի բառերով*

Tenny's Collage Using Words from
St. Gregory of Narek's *Book of Lamentation*

ԲԱՆԱՍՏԵՂԾՈՒԹԻՒՆՆԵՐ

✥

POETRY

Գիշեր

Գիշերը հանդարտ էր։

Մեղմ առուի մօտ խորունկ կը քնանայի։

Երազներ կը նուագէին մտքիս մէջ
        ջութակի մը պէս.

յանկարծ, գետինը քայլափոխներու ձայնէն
        արթնցայ։

Ան իմ քովս էր։

Իր շունչը ծաղիկներու նման էր,

մորթը առուի մամուռին պէս կը բուրէր։

Երբ խօսեցաւ, բառերով չխօսեցաւ,

իր բառերը աստղերու պէս ձեռքերուս մէջ ինկան։

Երկինքներ ստեղծեցի այս աստղերով։

Ես եմ արարիչը, ես եմ տէրը։

Night

The night was still.

I was sleeping soundly by a soft brook.

Dreams were playing in my head like a fiddle;

suddenly, I awoke to hear footsteps on the ground.

She was beside me.

Her breath was like flowers,

her skin smelled like the brook's moss.

When she spoke, she didn't use words,

like stars her words fell into my hands.

I created heavens with these stars.

I am the creator, I am the master.

Բանաստեղծութիւն

Ձայն մը չունիմ արձակին համար։

Արձակը, իր անթերի մտածումներով,

իր գուշակելի կէտադրութիւնով, իր գծակերպ
շարժումով.

բառերը էջին մէկ կողմէն միւսը
կը քալեն,

անոնք կատարելաբար լուսանցքներու միջեւ
կը սկսին ու կը վերջանան։

Բայց բանաստեղծութիւնը փափուկ պար մըն է։

Բառեր եւ գիրեր էջին մէջտեղէն

կը պարեն

վեր

ու

վար.

ան կ'արտայայտէ

միտքս

—խախտած

կեանքս—

փափուկ պար մըն է,

վեր

ու

վար։

Poetry

I don't have a voice for prose.

Prose, with its flawless thoughts,

its predictable punctuation, its linear movement.

The words walk from one end of the page to the other,

they start and end perfectly between the margins.

But poetry is a delicate dance.

Words and letters dance

across the page

                up

and

      down.

It expresses

my mind

—my disjointed

life—

a delicate dance,

      up

and

           down.

Պատումը

Վայրկեանները ուժով կը Հարուածեն:

Վայրկեաններ,

եւ իրենց վաղանցիկ երջանկութիւնը, ցաւը,

վաղանցիկ ուրախութիւնը, մինակութիւնը:

Անկումէն ետք լռութիւնն է

որ կը փորձէ զսպել:

Անկումէն ետք կայ վայրկեանը առանց ձայնի:

Կը մեռնինք լռութեան ընդմէջէն:

Փոշիի պէս որ պատուՀանի յեցուկին կ'իյնայ եւ

կամաց կամաց կը Հանգչի.

փոշին անշարժութեամբ եւ ժամանակով

վայրկեանները կը թաղէ,

պատմութիւնը կը թաղէ:

Բառերուն ջնջումը.

կեանքի անիմաստութիւն.

եւ աշխարՀ փշրանքներու կը վերածուի:

Երբ յանկարծ—խօսելով—

բառերուն ծնունդը.

աշխարՀի վերածնունդը:

Բառը, շունչը բերանէն

փոշին կ'արծարծէ

Narrative

Moments strike with force.

Moments,

and their fleeting happiness, pain,

their impermanent joy, solitude.

After the fall, it is the silence

that tries to repress.

After the fall, there is the moment without voice.

We die through silence.

Like dust that falls to the windowsill

and slowly settles;

the dust in stillness and time

buries the moments,

buries the history.

The obliteration of words;

the meaninglessness of life;

and the world breaks to pieces.

When suddenly—through speech—

the birth of words;

the world's rebirth.

The word, the breath from the mouth

stirs the dust,

եւ պատուհանի յեցուկը կը պարզէ:

Լռեցուած պատումը պատմուած է:

Մենք կ՚ապրինք պատմողներէն

որոնք ձայն մը կու տան,

որոնք չունչ կու տան

հսկայ լռութեան մէջ:

and clears the windowsill.

The silenced narrative has been told.

We live by those who tell,

who give a voice,

who give breath

in the immense silence.

Բառեր

Եւ մանաւանդ

կեանքը մենակեաց է:

Բոլոր շողշողուն հանդէսներէն ետք,

խօսակցութիւններէն ետք առանց իմաստի,

խոստումներէն ու սպասումէն ետք,

պարապ սենեակի մէջ կը գտնես դուն քեզ:

Անշշուկ չնչառութիւնդ, չփոթած խորհուրդներդ.

աշխարհի կայտառութիւնը մեռած է,

եւ դուն—

դուն ես

դուն ես:

Աչքերդ կը գոցուին եւ աշխարհի թատրոնը
կ'աներեւութանայ.

աչքերդ կը բացուին ու դերասան ես,

եւ յանկարծ ամբոխի մէջ ես—եւ դիմակներ ունին.

դիմակներ

որ դէմքեր կը ծածկեն:

Բայց ինչպէ՞ս կ'ըսես դիմակներուն.

մենակեաց

միայնակ

կտրած:

Words

And above all,

life is lonely.

After all the glittering celebrations,

after the conversations without meaning,

after the promises and waiting,

you find yourself in an empty room.

Your soundless breathing, confused thoughts;

the world's vivacity has died,

and you—

are you

are you.

Your eyes close and the world's theater disappears;

your eyes open and you're an actor,

and suddenly you are in a crowd with masks;

masks

that conceal faces.

But how do you say to the masks:

lonely

                alone

                                broken.

Բառերը քարերու պէս կ'իյնան

յոգնած եւ օթեկ եւ անվարժ բերանէդ:

Բերանդ,

այդ նկուղը ուր բառեր կը խառնուին

իմաստով, յիշողութիւնով, մոռացութիւնով:

Մոլորած անգործածութենէ

բառերը օդին մէջ ուրուականներու պէս
կը քալեն:

Այս բառերը, անտեսանելի,

մխիթարութիւն չեն կրնար ընծայել:

The words fall like rocks,

tired and stale and unaccustomed from your mouth.

Your mouth,

that cave where words mix

with meaning and memory and forgetfulness.

Distorted from disuse,

the words walk in the air like
    phantoms.

These words, invisible

cannot offer consolation.

Արծաթէ սանդուխը

Համբերատար, ուշադիր, լռիկ.

լուսինը։

Իր կլոր աչքերով արծաթէ պարաններ կը ցաթէ

դէպի գետին՝ լիճին, անտառին։

Լուսինը մութ գիշերուան մէջ կը յայտնաբերէ

Հանդարտ

ճամբորդը,

մեղմ ծփանքները,

քնացող ծառերը։

Յաւիտենական պահապան մը։

Այս գիշեր անօթի աչքերով կը վազեմ։

Կեանքը կորսուած է անբացատրելի
Հարցումներու մէջ,

փայլուն լոյսերու մէջ,

կերպընկալ դղեակներու մէջ։

Այս գիշեր աչքերս վեր կը նային

—երկու լուսիններ որ կը Հանդիպին լուսնին—

եւ կեանքը կ'աներեւութանայ

անտեւականութիւնը կ'իյնայ

եւ մնայունը կը փայլի։

The Silver Staircase

Patient, attentive, taciturn—

the moon.

With its round eye it sends forth silver ropes

to the ground, to the lake, to the forest.

The moon in the dark night reveals

the quiet

        traveler,

the gentle ripples,

the sleeping trees.

An eternal guardian.

Tonight, I run with hungry eyes.

Life is lost in inexplicable
    questions,

in bright lights,

in plastic castles.

Tonight my eyes look up—

two moons that meet the moon—

and life vanishes

impermanence falls

and the permanent shines.

Եթէ այս արծաթէ պարաններէն արծաթէ
սանդուխի

պէս կարենայի մագլցիլ,

պատասխանները պիտի ունենայի՞։

If I could climb these silver ropes
like a silver staircase,
would I have the answers?

Միտքս

Միտքս հանգստանալ փորձեց,

հանդարտ ըլլալ փորձեց:

Հեռու լեռներ տարի զայն,

դէպի ցորենի դաշտեր ու կապոյտ ծովեր
առաջնորդեցի զայն:

Պղատոն, Նիցշէ եւ Քանթ անոր կերակրեցի,

եւ ան նկարիչներ ու հեղինակներ ու
բանաստեղծներ խմեց:

Բայց ասոնցմէ միշտ շուտով հեռու վազեց.

դուն. քեզի վազեց:

Որովհետեւ երկու լեռներու պէս են ուսերդ,

մազդ ցորենին գոյնը ունի,

աչքերդ աւելի կապոյտ են քան թէ ծովերը,

միտքդ արդէն փիլիսոփայութիւնով եւ
բանաստեղծութիւնով լեցուն է:

Այսպէս, ամեն տեղ ուր միտքս թափառի՝ քեզի
դարձեալ կը յարի:

My Mind

My mind tried to rest,

it tried to be calm.

I took it to distant mountains,

I led it to wheat fields
 and blue oceans,

I fed it Plato, Nietzsche, and Kant,

and it drank painters and authors
 and poets.

But it always ran quickly from these things;

you—it ran to you.

Because your shoulders are like two mountains,

your hair is the color of wheat,

your eyes are more blue than the oceans,

your mind is already full of philosophy
 and poetry.

Thus, each place my mind wanders, it wanders
 back to you.

Անվերջ սկիզբ

Կեանքիս պատմութիւնը պիտի չվերջանայ մահովս:

Երբ ծնայ, պատմութիւնս սկսաւ:

Մարդիկ կ’ըսեն մեզի որ «օր մը, պիտի մեռնինք»:

Բայց ճիշդ չէ:

Մեր կեանքերը շրջանակներու պէս են,

նոր պատմութիւններ եւ նոր սկիզբներ կու տան ամեն բանի որու դպչինք:

Ամեն բառ որ կը խօսինք, քիչ մը նոր սկիզբ է.

ամեն բառ որ կը գրենք, քիչ մը նոր սկիզբ է.

ամեն բառ որ կը կարդանք, նոր խորհուրդ մը կամ մտմտուք մըն է մեր մտքերուն մէջ:

Միւսներուն նոր սկիզբներ կու տանք խօսելով եւ գրելով:

Երբ մեռնինք, մեր հետքերը կը շարունակուին այս կեանքին մէջ եւ ուրիշ մարդոց մէջ:

Ուրեմն, մահը բնաւ չի գար մեզի:

Endless Beginning

My life's story will not end with
    my death.

When I was born, my story began.

People tell us that "one day we will die."

But this isn't true.

Our lives are like circles,

giving new stories and beginnings to each thing
    we touch.

Every word we speak is a little new beginning;

each word we write is a little new beginning;

each word we read is a new thought or musing
    in our minds.

We give new beginnings to others by speaking
    and writing.

When we die, our traces continue in this life and in
    other people.

Therefore, death never comes to us.

Հայ լեզուի խնդիրը

Հայ լեզուն տարիներով կը վերապրէր: Իր գոյութիւնը կը վտանգուէր, իր տունը կը խորտակուէր: Բայց կ'ապրէր: Հայ լեզուն մոլորական հովուն պէս կը ճամբորդէր լեռներուն միջեւ, գետերուն քով, ծովերուն վրայ: Ան հիմա կ'ապրի տարբեր վանքերու մէջ, քաղաքի մէջ, գիւղի մէջ, ագարակի մէջ: Բայց ինչի՞ համար: Ըսելու «տո՞ւն», «ճա՞շ», «մա՞յր», «հա՞յր», «խոհանո՞ց»:

Թէ՞ ըսելու «քնութիւն՝ մայրը որ ինծի կեանք տուաւ»: Կիրքով ըսելու՝ «ինչո՞ւ հոս եմ»:

The Question of the Armenian Language

The Armenian language survived for many years. Its existence was threatened, its home was shattered. But it lived. The Armenian language, like the erratic wind, traveled through mountains, by rivers, on oceans. Now it lives in different monasteries, in the city, in the village, on the farm. But for what? To say, "house," "meal," "mother," "father," "kitchen"?

Or to say, "Nature, the mother who gave me life." To say with passion, "Why am I here?"

Զարթնում

Կարելիութիւնը բնաւ չարթննալու։

Կեանքս այս պզտիկ սենեակն է,

գիրքերով ու ճաշերով ու լռութիւններով։

Դուրսը ամբողջ ապակի է

կ'ըսէին ինծի ամեն օր։

Բայց յանկարծ պատուհանը կը բացուի,

ու աշխարհը հոն է ինծի համար։

Եւ այս ձայները

այսօրուան ձայներ են,

իսկ ես անզօր եմ։

Մեռած ձայները չեմ կրնար լսել այլեւս,

այն հին ձայները որոնք

հոգիս կը կերակրէին

այդ սենեակին մէջ։

Ապրողները հոս են խօսելու համար

կը փսփսան,

կեանք տալու քեզի։

Ուրեմն *խօսէ՛, խօսէ՛*

կը կանչեմ սենեակէս։

Գիշերը կու գայ

մութ խորհուրդի մը պէս։

Awaking

The possibility never to awake.
My life is this small room
with books and meals and silences.
Outside all is glass,
I was told every day.
But suddenly the window opens,
and the world is there for me.
And these voices,
they are voices of today,
yet I am powerless.
I can't listen anymore to the dead voices,
those old voices who
fed my soul
in that room.
The living are here to speak
they whisper,
to give you life.
So *speak! speak!*
I call from my room.
The night comes
like a dark mystery.

Ձայները պիտի խօսի՞ն

գիշերէն առաջ:

Սպասումը, անդորրութիւնը—

կարելիութիւնը—տանը՛մնք—բնաւ չարթննալու:

Will the voices speak

before the night?

The waiting, the stillness—

the possibility—O torment!—never to awake.

Տեղատուութիւն եւ մակընթացութիւն

Կրնամ խօսիլ բառերով որոնք իմաստ ունին:
Երբ մանուկ էի «ես քեզի կը սիրեմ», «յոգնած եմ»,
«անօթի եմ»՝ միայն մէկ բան կը նշանակէին:
Բառերը *բառեր* եղող բառեր էին բառեր էին:

Բայց կեանքը կը շարունակէ եւ հիմա երկու
աշխարհի միջեւ կը գտնուիմ: Կեանքէս
տեղատուութիւնը եւ մակընթացութիւնը յոյս եւ
մահ կու տան: Ընկերներ, մեկուսի պատուհանը...
աղմկոտ ճաշկերոյթները, լուսինը...
խօսակցութիւնները, թէյամանին շոգին:

Ինչ որ ստեղծեմ, այն եմ ես: Սակայն
բառերով չեմ կրնար ստեղծել: Ինչպէ՞ս ստեղծեմ
կոտրածը: Երբ «վարդ մը» կ'ըլլայ «վարդ մը վարդ
մըն է որ վարդ մըն է» կ'ըլլայ «վարդ մը est une rose
is a rose»: Կեանքիս տեղատուութիւնն ու
մակընթացութիւնը ստեղծող մը կը ստեղծեն եւ
ստեղծագործութեան գործիքները կը ծամածռեն:

Եւ դուն: Դուն դուն ես, ես ես եմ, եւ anyway
that a word is spoken, a word is written, a word is
expressed, la création reste déformée, arbitraire,
որովհետեւ դուն ես եւ ես եմ, եւ մեր աշխարհները
կոտրած են:

Ebb and Flow

I try to speak with words that have meaning. When I was a child, "I love you," "I'm tired," "I'm hungry" meant only one thing. Words were words were words.

But life continues and I am found between two worlds. The ebbing and flowing from my life give hope and death. The friends, the solitary window… the noisy dinner parties, the moon… the conversations, the teakettle's steam.

I am whatever I create. But I can't create in words. How do I create the broken? When "a rose" becomes "a rose is a rose is a rose" becomes "a rose est une rose, *vart mun e*." My life's ebbing and flowing create a creator and distort the creation's tools.

And you. You are you, I am I, and any way that a word is spoken, a word is expressed, la creation reste déformée, arbitraire, because you are you and I am I, and our worlds are broken.

Գնացք

Ուրբաթ, Մայիս 3

Ա՜լ չեմ դիմանար: Տունիս աղմուկները խիստ չատ են: Չեմ կրնար մտածել: Այդ ստեղնաչարի քլիք քլիք Հնչիւնը որ կայ՝ չեմ կրնար տանիլ. ամաններուն ու թասերուն ճարճատիւնները. դրացիին մանուկներուն ճիչերը: Բայց գիտեմ որ թերեւս աւելի դժուար է փողոցներու մէջ Հանդարտութիւն գտնել: Սակայն պէտք է փորձեմ:

Կիրակի, Մայիս 5

Այսօր Կիրակի է. այսօր Հանգիստի օրն է: Գնացքս կը չարունակէ առանց Հանգիստի, առանց եկեղեցիին բարձր ձեղուններուն: Ճամբորդել կը նչանակէ, որ մէկը բաներ կը թողու իր ետին: Իսկ Աստուա՞ծ: Աստուած ետեւ պիտի մնա՞յ սրբազան բարձր ձեղուններուն տակ երբ ես զանոնք լքեմ: Ցօղի չիթեր յոգնած տերեւներու տակ. ծովափրփուր՝ նաւու մը վրայ. զոյգի մը գիրկընդխառնում. խոնաւ Հողը խիճէ սալաքարերուն միջեւ... Ճի՞չդ է թէ Հոս ալ Աստուած կայ: Մեկնիլը միայնակ ըլլալ, անորոչ ըլլալ է: Ասիկա է գնացքս:

Journey

Friday, May 3

I can't stand this anymore. My house's sounds are too much. It's that keyboard's "click click" sound that I can't bear; the plates and bowls clacking; the neighbor's childrens' shrieks. But I think that perhaps it's more difficult to find quiet in streets. But I must try.

Sunday, May 5

Today is Sunday. Today is the day of rest. My journey continues without rest, without the high ceilings of the church. To travel means that one leaves things behind. And God? Will God remain behind under the tall sacred ceilings when I leave them? Dew drops under tired leaves; sea foam on a ship; a couple's embrace; the moist dirt between the cobblestone pavement… isn't it true that here too there's God? To leave is to be alone is to be uncertain. This is my journey.

Գիշեր

Երեքշաբթի, Մայիս 7

Պզտիկ միանձնուհիներ, երկար ճերմակ պատմուճաններով, եկեղեցիին գաւիթը կը զարդարէին լուռ գոլորշիներու պէս: Ես կը քալեմ գաւիթի ցանկապատին շուրջ. իրիկունը կ'ըլլայ գիշեր եւ գոլորշիները կամաց-կամաց կ'աներեւութանան եկեղեցիին մէջ:

Երբ պզտիկ էի, կը նստէի եկեղեցիին մէջ եւ կը մտածէի, որ բոլոր այս միանձնուհիները ապերջանիկ են եւ տրտում կեանքեր ունին: Լռութիւնը, հանդարտութիւնը... Հեռատեսիլ, բարձրաձայն երաժշտութիւն, ո՞ւր էք: Բայց ո՛չ այսօր: Այսօր, այս ճամբուն վրայ տասնչորս մուրացկան տեսայ. փողոցներ, աղմկոտ կառքեր, մեծաթիւ ժողովուրդ եւ տասնչորս մուրացկան: Տասնչորս պարապ գաւաթ, տասնչորս յոգնած մարմին, քսանութ խռովայուոր աչքեր որ ինծի նայեցան, ինծի նայեցան: Գիշերը զիս չի կրնար պահել: Եւ ասիկա միայն մէկ փողոց է այս աշխարհին մէջ: Գիշերը զիս չի կրնար ծածկել. այնուհանդերձ չեմ ուզեր որ առաւօտը գայ:

Այս գիշեր միանձնուհիները իրենց երկար ճերմակ պատմուճաններով հանդարտօրէն

Night

Tuesday, May 7

    Small nuns, with long white robes, decorated the church's courtyard like silent vapors. I walk around the courtyard's fence; evening becomes night, and the vapors slowly disappear into the church.

    When I was little, I would sit in church and think that all of these nuns were unhappy, and had sad lives. The silence, the quietness... TV, loud music, where are you? But not today. Today, on this road, I saw fourteen beggars; streets, noisy cars, numerous people, and fourteen beggars. Fourteen empty cups, fourteen weary bodies, twenty-eight hollow eyes that looked at me, looked at me. The night cannot protect me. And this is only one road in this world. The night cannot hide me, but I don't want the morning to come.

    Tonight, the nuns with their long white robes are singing softly in the church. Candles flicker from the windows.

կ'երգեն եկեղեցիին մէջ: Մոմեր կը պլպլան պատուհաններէն:

Երբ պզտիկ աղջիկ էի, կը սխալէի: Եկեղեցիին մէջ քաանուէ խռովչաւոր աչքեր ինծի պիտի չհետեւէին:

When I was a young girl, I was wrong. In the church, twenty-eight hollow eyes would not follow me.

Ես ու ես

Գիշերը մշուշով կը շողշողար։

Իրարու ձեռքերը կը բռնէինք եւ

քրտինքը կը զգայինք։

Քրտինքի ամեն կաթիլ խոստում մըն էր
իրարու։

Դուն ու ես։

Սեւ երկինքին տակ

դուն ու ես

դուն ու ես աստղերը կը համբէինք։

Հաստ մէգը մեզի հետ կը պարէր.

ծաղիկները մեզի կը հակէին.

բուերը մեզ կը կանչէին։

Լուսինին տակ եւ խոտին վրայ կը պարէինք

պարիկներու պէս։

Դուն ու ես։

Հիմա լռութիւն մը կայ.

մէգը վրաս կանձրեւէ.

գիշերը շատ պաղ է.

Հանդարտութիւնն ու մենութիւնը.

ես ու ես։

I and I

The night was glistening with mist.

We held hands and

felt each other's sweat.

Each drop from the sweat was a promise to each other.

You and I.

Under the black sky,

you and I,

you and I counted the stars.

The thick fog danced with us,

the flowers nodded to us,

the owls called to us.

Under the moon and on the grass we danced

like fairies.

You and I.

Now, there is a silence;

the fog rains on me;

the night is very cold.

Solitude and isolation.

I and I.

Լուսանկարներ

Մանկութիւնս կը սիրէի.

լուսանկարներու պէս փոքրիկ յիշատակներ.

փայլուն գոյները, ջերմ բոյրերը, ծանր օդը:

Այ՛ս լուսանկարը կը սիրէի:

Մայրիկս ամանին վրայ ծռած,

ձեռքերը թթխմորին մէջ,

ալիւրը օդին մէջ ծփացող ամպի մը պէս:

Ու այս լուսանկարը.

ծաղիկներու դաշտերը,

ջերմ արեւ մը.

օդը՝ մշկընկոյզի համով:

Այս լուսանկարին մէջ

աստղերուն տակ էի:

Երկինքը սեւ էր, բայց

խաւար չէր ինծի համար:

Այսօր կը փորձեմ մտածել

մանկութեանս մասին:

Բայց բոլոր լուսանկարներս չեմ գտներ:

Ջանոնք տունը մոռցայ

երբ դեռ տասներեք տարեկան էի:

Photographs

I loved my childhood,

small memories, like photographs;

the bright colors, warm smells, heavy air.

This photograph I loved.

My mother bent over the pot,

her hands in the yeast,

the flour floating in the air like a cloud.

And this photograph:

the fields of flowers,

a warm sun,

the air tasted like cinnamon.

In this photograph,

I was under the stars.

The sky was black, but

to me the sky wasn't dark.

Today I try to think

about my childhood.

But I can't find all my photographs.

I forgot them in my house,

when I was only 13.

Մեծ քաղաքը

Գացի մեծ քաղաքը ապրելու: Առաջին մտածումներս յստակ կը յիշեմ. առտուան շողշողուն ճամբաները, գիշերուան շողշողուն լոյսերը տուներէն, Հսկայ շէնքերը, աղմուկները կառքերէն եւ մանուկներէն եւ ծախողներէն, եւ դէմքերն ու դէմքերն ու դէմքերը... Նորածինի պէս էի նորէն:

Բայց ո՞վ պիտի պատմէ ինծի երբ խրախճանքները վերջանան, երբ երգերը վերջանան, երբ կէս գիշեր ըլլայ եւ միակ բանը որ ունենամ *ես*ս ըլլայ. ո՞վ պիտի պատմէ ինծի իմ մասիս: Ո՞վ պիտի պատմէ ինծի վիթխարի մենութեան մասին, բազմութեան միջեւ ցաւոտ միտքերուս մասին: Ես պիտի գամ կլլելու լոյսերը, աղմուկը, անտարբեր դէմքերը, մինչեւ որ իրենք Հոգիիս մէջ ըլլան. ուրիշ կտոր մը էութենէս ներս:

Հիմա կը ճանչնամ օթեկ շունչն ու յոգնած աչքերը: Կը ճանչնամ պարապութիւնը: Մեռկ մարմին մը ըլլալ եւ տեսնել դէմքերը որ առանց տեսնելու կ'անցնին: Դէմքերը, դէմքերը, դէմքերը... եւ Հանդարտ, միայնակ *ես*ս:

The Big City

I went to live in the big city. I clearly remember my first thoughts; the morning's glistening roads, the night's glistening lights from the homes, the giant buildings, the noises from the cars and children and salesmen, and the faces and faces and faces... I was like a newborn again.

But who will tell me, when the festivities end, when the songs end, when it becomes midnight and the only thing I have is "I," who will tell me about myself? Who will tell me about the immense solitude, about my aching thoughts in the midst of the crowd? I will come to devour the light, the sound, the apathetic faces, until they are in my soul, another piece in my essence.

Now I know the stale breath and tired eyes. I know the emptiness. To be a naked body and to have the faces pass by me without seeing. The faces, faces, faces... and the quiet, the solitary "I."

Մենք

Ստեղծողներն էինք
մեր սեփական ապագաներուն:
Կեանքի պզտիկ միջոցներուն մէջ
ծածկուած էինք,
պաշտպանուած էինք:
Հոն կերպընկալէ դղեակ մը շինեցինք
եւ զայն լեցուցինք
պատմուածքներով, ապակիէ յիշատակներով,
անտեւական աշտարակներով:
Դուն ու *ես* եղան
մենք մը:
Հինգ տարի—
ստեղծողներ. դղեակը. մենք:
Մենքին մօտիկութիւնը բաւական չէր:
Ինը ամիս—
ասիկա իրաւ էր. ասիկա մեր ապագան էր.
ի վերջոյ, ասիկա *կեանք* էր:
...
Տունչը բնաւ չեկաւ:
Դղեակին կտորները ձեռքերուս մէջ բռնեցի:

We

We were the creators

of our own futures.

In life's small spaces

we were hidden,

we were protected.

There we built a plastic castle,

and we filled it

with stories, with glass memories,

with impermanent towers.

You and *I* became

      a *we*.

Five years—

creators; the castle; us.

The closeness of *we* wasn't enough.

Nine months—

this was true; this was our future.

After all, this was *life*.

      ...

The breath never came.

I held the pieces of the castle in my hands.

Յանկարծ, *դուն* ու *ես* շատ տգեղ

կը թուին առանց *մենք*ին:

Suddenly, *you* and *I* seem so ugly without the *we*.

Մշուշ

Անտառան մշուշն է,

եւ դուն կ'արթննաս

Հին գարեջուրի Հոտերու,

օթեկ չունչի

եւ խորշոմած թերթերու:

Այս անտառան լուրը պիտի ըլլայ

երէկուանը,

ուրեմն ատիկա չես կարդար:

Միտքդ ուրիշ միգապատ

առաւօտներու կը դառնայ.

միգապատ ուրիշ անտառներ,

երբ առանձին չէիր արթննար

ու թարմ թէյի կը զարթնէիր

եւ մեղմ լոյսերու:

Իսկ Հիմա,

լռիկ անտառան մէջ,

անկողնին մէջ կը պառկիս

եւ մտիկ կ'ընես ուրիշներու մեղմ ձայներուն՝

դրանդ ետին:

Mist

It is the morning's mist,
and you awaken
to old beer smells,
to stale breath,
and to wrinkled newspapers.
This morning's news will become
yesterday's,
so you don't read it.
Your mind turns
to other foggy mornings,
other foggy mornings
when you didn't wake up alone,
and you awoke to fresh tea
and soft lighting.
And now
in the silent morning,
you lie down in bed
and listen to others' softened voices
behind your door.

Մտմտալով

Հովը, հովը: Այս հովը ծառերուն միջեւ կը վազէ: Ծաղիկը կը ժպտի, բերանը մեղուի մը կը բանայ: Երեւակայել, որ ես այս ժպտող ծաղիկին վրայ գրեթէ կոխեցի այս վայրկեանիս եւ որ այդ մեղուն գրեթէ ճզմեցի: Հովը երեսիս՝ գլխարկս գետնին, ու դէպի հողը նայեցայ:

Հով, հով: Հով, հանգիստ, անհոգութիւն, խոհանոց: Խոհանոցը: Հովը խոհանոցին մէջ մայրիկիս բառերն է: Արագ եւ վայրի: Մօրս բառերուն տակ ալիւրը կը դողայ, սանին շոգին կը ցրուի:

Հով, հով: Հով, հանգիստ, հոգ, խոհանոց, յոգնաբեկ: Ամեն օր յոգնաբեկ պատմութիւններով դէմքեր կը տեսնեմ: Երեք տարի առաջ յոգնած կին մը քովէս դանդաղօրէն կը քալէր, ու ես՝ ես բնաւ պիտի չմոռնամ իր սեւ աչքերը, երեսին խորշոմները, ճերմակ բերանը: Իր ճերմակ բերանը դեռ կը փսփսայ հովին, ու ես կը զգամ իր բառերը: Անոնք հիմա ծառերուն միջեւ կը վազեն:

Musing

    The wind, the wind. This wind is running between the trees. The flower smiles, it opens its mouth to a honeybee. To think, that just now I almost stepped on this smiling flower, and that I almost squashed this bee. The wind to my face, my hat to the ground, and I looked toward the ground.
    Wind, wind. Wind, rest, carelessness, kitchen. The kitchen. The wind is my mother's words in the kitchen. Fast and wild. The flour trembles under her words, the kettle's steam is dispersed.
    Wind, wind. Wind, rest, care, kitchen, tired. Everyday, I see tired faces with stories. Three years ago, a tired woman walked beside me slowly, and I, I will never forget her black eyes, the wrinkles on her face, her white mouth. Her white mouth still whispers to the wind, and I feel her words. They are running now between the trees.

Ռաքէլ

Այդ առտուն հանդարտ եւ զով էր: Ծնծղուկները դուրսը կը ճռուողէին, բայց լռութիւն մը կար տանս մէջ: Տեսած առաջին յուղարկաւորութիւնս գարնան պայծառ օր մըն էր: Մայրս զիս արթնցուց իր պաղ ձեռքերով: Փորձեց ժպտիլ:

—Արթննալու ժամանակ է: Ամեն մարդ պատրաստ է: Քեզ մոռցայ արթնցնելու:

Արագօրէն պատրաստուեցայ: Շրջազգեստները միշտ ատած էի, բայց այսօր տաք եւ սեւ շրջազգեստ մը հագուեցայ եւ մազիս վրայ սեւ ժապաւէն մը դրի:

Շուտով կառք մտանք: Կառքին մէջ լռութենէ մը ետք, մայրս ըսաւ. «Այսօր մեծ մայրիկդ պիտի թաղենք, եւ...», սակայն նախադասութիւնը չաւարտեց: Աւելիին պէտք չունեցայ: Առանց յաւելեալ խօսքերու, դանդաղ քշեցինք դէպի յուղարկաւորութիւն:

Այդ օրէն շատ բան չեմ յիշեր: Կը յիշեմ ընդհանրապէս մթին գաղափարներ եւ գոյներ: Քարոզիչը յոգնած եւ ճանճրացած բառերով խօսեցաւ եւ ամեն խօսուած բառ մեծ մայրիկիս դագաղին վրայ ինկաւ ռումբի մը պէս: Եկեղեցիի սեւ հագուստները մազերուն պէս էին մեծ

Say

That morning was calm and cool. The sparrows were chirping outside, but there was a silence in my house. My first funeral was on a bright spring day. My mother awoke me with her cold hands. She tried to smile.

"It's time to wake up. Everyone else is ready. I forgot to wake you."

Quickly, I got ready. I always hated dresses, but today I put on a hot and black dress and put a black ribbon in my hair.

We entered the car quickly. After a silence in the car, my mother said, "Today we will bury your grandmother, and—" but she didn't finish her sentence. I didn't need anything more. Without any more words, we drove slowly to the funeral.

I don't remember a lot from that day. I mostly remember obscure ideas and colors. The preacher spoke with tired and worn out words, and each word spoken fell on my grandmother's coffin like a bomb. The black clothes in the church were like grandmother's hair, who now was lying quietly in the coffin.

մայրիկիս, որ հիմա լուռ պառկած էր դագաղին մէջ:

Այդ գիշեր չքնացայ: Մեծ մայրիկիս մասին կը մտածէի: Միտքիս մէջ դեռ ողջ եւ քալառողջ էր, եւ հիմա իր տունը դեռ աղուոր բաներ կ'եփէր ինծի համար: Վաղը հոն պիտի երթայի եւ իրեն հետ պիտի խօսէի: Բան մը տարբեր պիտի չըլլար: Քարոզիչը բառեր ըսաւ այդ առտու եւ մեծ մայրիկս չշարժեցաւ: Ոեւէ մէկը սակայն կրնայ բառեր ըսել: Ուրեմն՝ վերջապէս այդ գիշեր քուն մտայ շրթներուս վրայ մեծ մայրիկիս ուղղուած բառերով:

That night I didn't sleep. I was thinking about my grandmother. In my mind she was still alive and healthy and she was still cooking delicious things for me now at her house. Tomorrow I would go to her house and speak with her. Nothing would be different. The preacher spoke words that morning and my grandmother didn't move. But anyone can say words. So finally that night I fell asleep with words to my grandmother on my lips.

Հիւանդանոց

Ոտքի ելայ եւ դուրս գացի:

Դուրսը ամեն ինչ խաղաղ էր եւ հանդարտ:

Մայրամուտը երկինքը կը ներկէր վարդ ու
   նարինջ ու ոսկի:

Կայծոռիկները ծառերուն միջեւ կը թռչէին,

արծաթի պէս կը փայլատակէին մթնշաղին մէջ:

Մեղմ հով մը ծառերուն տերեւները կը խտղտէր,

եւ ճպուռները կը ճռճռային:

Ծաղիկներուն բոյրը կը ծածանէր օդին մէջ

մինչ անոնց դիւրաբեկ թերթերը կը գոցուէին:

Ծանր շնչեցի.

իրիկունը, հովը, գոյները շնչեցի

եւ փակ աչքերով ներս վերադարձայ:

Ատենին այդ վայրին անունը չկրցայ խօսիլ—

պաղ, անկենդան պատերը.

դռներուն ճռնչիւնը.

ցեցերու թեւեր պատուհանի յեցուկին վրայ,

եւ մայրս, որ հիմա կը քնանայ անկողինին մէջ:

Hospital

I got up and went outside.

Outside, everything was peaceful and calm.

The sunset colored the sky pink and orange
    and gold.

The fireflies flew between the trees,

like silver sparkling in the twilight.

A gentle wind tickled the trees' leaves,

and the cicadas were chirruping.

The flowers' fragrance floated in the air,

while their fragile petals closed.

I breathed heavily,

I breathed the evening, the wind, the colors,

and with eyes closed I turned back inside.

At the time, I could not speak that place's name—

the cold, lifeless walls;

the doors' creaking;

moths' wings on the windowsill;

and my mother, now sleeping in the bed.

Մինչեւ

Մինչեւ որ սիրտս լեցուի քեզմով
Հանգիստ քնաւ պիտի չըլլայ:
Աչքերը քեզ չեն կրնար տեսնել,
ռունգերը չեն կրնար հոտդ առնել,
ականջները ձայնդ չեն կրնար լսել,
մատները ձեռքերուդ վէրքերուն չեն կրնար
 դպչիլ,
բերանը քաղցրութիւնդ չի կրնար ըմբոշխնել:
Բայց նորէն, հոգիս աւելի զօրաւոր է քան ասոնք,
եւ ան քեզ կրնայ զգալ:
Այսպէս, չեմ կրնար հանգստանալ
մինչեւ քու մէջդ հանգստանամ:

Until

Until my heart is full of you,

it will never rest.

Eyes cannot see you,

nose cannot smell you,

ears cannot hear your voice,

fingers cannot touch your hands' wounds,

mouth cannot taste your sweetness.

Still, my spirit is stronger than these,

and it can sense you.

Thus, I cannot rest

until I rest in you.

Անաւարտ

Այս պզտիկ սենեակին մէջ եմ,

առանց բառերու,

առանց մտմտուքի:

Հոս, մուտքը

միտքն է,

եւ եթէ վեր

ու աւելի վեր

բարձրանամ,

կենդանութիւնը պիտի ժամանէ:

Տունը ելքն է մտքէս,

այն տեղը, ուր

Հոգի մը կ’ըլլայ կին:

Միտքս ան-կին է,

միայն Հոգի մը:

Unfinished

I am in this small room,

without words,

without musing.

Here, the entrance

is the mind,

and if up

and further up

I ascend,

vitality will arrive.

Home is the exit from my mind,

that place, where

a soul becomes woman.

My mind is un-woman

only a soul.

Եղար

Ես քեզ գտայ:

Կը թափառէի ծաղիկներու ածուին շուրջ.

յաճախ այնտեղ կ'երթայի

գեղեցկութեան նայելու,

քալելու եւ մտածելու:

Ածուին մէջ կեանքը

աւելի փափուկ էր:

Ժամանակը արեւուն հետ կը քալէր

եւ գիշերը բնաւ չէր գար

մինչ ծաղիկները կը գալարուէին

հովուն տաք շունչին տակ:

Միայն ծաղիկներուն համար եկայ,

հատ մը հոս, հատ մը հոն հոտոտելու,

թերեւս հատ մը կամ երկու քաղելու.

քեզ չէի փնտռեր,

բայց դուն

ծաղկաթերթերու գեղեցկութեան մէջ էիր,

ու ամեն ծաղիկ որ քաղեցի,

գեղեցկութիւնդ քաղեցի:

Անձայն զիս դիտեցիր—

բնաւ չխօսեցար,

You Were

I found you.

I was wandering around the flowerbed.

I would often go there

to look at the beauty,

to walk and think.

Life in the flowerbed

was more delicate.

Time walked with the sun,

and the night never came,

while flowers curled

under the wind's warm breath.

I only came for the flowers,

to smell one here and there,

perhaps to pick one or two.

I was not searching for you,

but you

were in the petals' beauty

and each flower I picked,

I picked your beauty.

You silently watched me—

you never spoke,

քնաւ չչարժեցար,

բայց Հոն էիր,

ինչպէս ծաղիկները պիտի ըսեն։

Հոն եղար,

գեղեցկութեան մէջ։

you never moved,

but you were there,

as the flowers will say.

You were there,

amidst the beauty.

Հին ու նոր

Հին, սպառած տունը եկանք:

Գարնան սկիզբի օր մըն էր

եւ խոտին ու ցորենին բոյրը օդին մէջ
կը ծփար:

Մեծ կեչիները տունը կը ծածկէին

ու բաղեղն անոր պատուհաններուն վրայ

կը սողար օձերու պէս:

Յանկարծ, մայրիկս ըսաւ.

այս տունը մեր նոր տունը պիտի ըլլայ:

Իր ձայնը արձագանգեց հանդարտ ծառերուն
մէջէն:

Մեր նոր տունը...

Սեղաններ, ամաններ, գաւաթներ եւ ուրիշ բաներ

պիտի բերէինք իսկոյն այս տունը:

Ըուտով նոր կեանք պիտի բերէինք:

Բայց այս հին տունը

շատ գաղտնիքներ կը պարտկէր:

Այս քաղաքը երկու սիրահար կ'ապրէր:

Աղջկան հայրը կ'ատէր տղան,

ու զանոնք այս տունին աքսորեց:

Այս տեղէն բնաւ չհեռացան

Old and New

We came to the old, tired house.

It was an early Spring day,

and the scent of wheat and grass was floating in the air.

Large birch trees covered the house,

and ivy crawled on its windows

like snakes.

Suddenly my mother said,

this house will be our new home.

Her voice echoed through the quiet trees.

Our new home...

Tables, dishes, cups, and other things

we would soon bring into the house.

We would soon bring new life.

But this old house

was hiding many stories.

Two lovers lived in this city.

The girl's father hated the boy,

and he banished them to this house.

They never left this place

քաղաք երթալու համար,

եւ այս հին տանը մէջ միասին մեռան:

Մարդիկ կ'ըսեն որ անոնց հոգիները

դեռ հոս են:

Հիմա ես հոս եմ:

Գիտեմ որ այս բաները միայն զրոյցներ են,

բայց երբեմն,

երբ տան աղբիւրին մօտ ըլլամ,

կարծես կրնամ լուռ փսփսուքներ լսել ջուրէն:

to go to the city,

and in this old house they died together.

People say that their souls

are still here.

Now I am here.

I know that these things are only stories,

but sometimes,

when I am near the house's fountain,

I think that I can hear quiet whispers from the water.

Կարապներ

Ա.

Արծաթէ լիճ մը կար անտառին մէջ,

միայնակ, մեկուսի, պատսպարուած,

առանց չէնքերու, առանց մարդերու:

Վայրի ճարխոտներէ ու վարսաւոր ուռիներէ
    սարքուած էր անոր տունը,

ու անոր տանիքը մեծ կաղնիներ էին:

Երբ առա՜ջին անգամ այդ լիճը գտայ

աշնան օր մըն էր:

Լռութիւն մը կար,

խաղաղութիւն մը

որ ծառերէն ու հողէն

մշուշի պէս դէպի վեր կ'ելլէր:

Այն ատեն նորատի էի

ու կեանքի անճկութիւնը,

կեանքի յուսահատութիւնը

չէր երեւեր դէմքիս վրայ:

Բ.

Դանդաղօրէն լիճ եկայ,

կաղնիներուն տակ եւ ուռիներուն միջեւ,

մինչեւ որ լիճին եզերքը կեցայ:

Swans

1.

There was a silver lake in the woods,

alone, isolated, protected,

without buildings, without people.

Its home was furnished with wild ferns
    and weeping willows,

and large oak trees were its roof.

When I found that silver lake for the first time

it was an autumn day.

There was a silence,

there was a peace,

which from the trees and from the ground

rose up like mist.

I was young then,

and life's anxiety,

life's despair

did not appear on my face.

2.

Slowly I came to the lake,

under the oaks and between the willows,

until I stopped at the lake's shore.

Եօթը կարապ կը ծփային ջուրին վրայ
բոլորաձեւ շարժումներով,
բոլորովին ներդաշնակ,
բոլորովին չնորհալի։

Գ.

Դարձեալ աշուն է
ու արծաթէ լիճին վրայ այդ կարապները
դեռ կը լողան մտքիս մէջ
բոլորաձեւ շրջանակներով։
Այս լուռ շէնքը տունս է
եւ այս պաղ փայտն է տանիքս։
Ձեռքերս ոչինչ եւ ոչ ոք կը բռնեն,
ու կեանքս թէյի պարապ ապակիէ գաւաթներով
ու պատուհանի փոշոտ յեցուկներով լեցուած է։
Ուրեմն տանս մէջ շրջանակի քալելով
բանաստեղծութիւն պիտի արտասանեմ
ժամանակը մոռնալու համար։
Ժամանակ որ թէյի գաւաթներ կը փշրէ,
պատուհանի յեցուկներ կը բեկէ.
ժամանակ՝ որ ձեռքերուս մէջ ոչինչ կը դնէ։

Seven swans floated on the water

with circular movements

all in unison,

all full of grace.

3.

It is autumn again,

and those swans on the silver lake

still swim in my mind

in circles, in circles.

This quiet building is my house,

and this cold wood is my ceiling.

My hands hold nothing and no one,

and my life is filled with empty glass teacups

and dusty windowsills.

So in my house walking in circles,

I will recite poetry

to forget the time.

Time, that shatters teacups,

that breaks windowsills.

Time, that places nothing in my hands.

Պիտի արտասանեմ, պիտի արտասանեմ.

ժամանակը կրնամ կեցնել,

օ՜, կարապներ, կարապնե՜ր...

I will recite, I will recite,
I can stop time,
O swans, swans!

Ծաղիկ

Կիները պէտք է մեղմ ըլլան

ըսաւ Հայրս ինծի

Օգոստոսի տաք օր մը։

Ծաղկաթերթերը Հոգիիս մէջ թօշնեցան,

գոյնը դէմքէս մեկնեցաւ,

բայց փորձեցի ըսել *այո* եւ ժպտիլ։

Չկրցայ սակայն։

Մորթս յոգնած էր

ջերմ Օգոստոսի արեւուն տակ։

Այժմ կանաչ բլուրները մեկներ էին,

ու ոսկեղէն բլուրներ եկան։

Չէ, չկրցայ.

որովՀետեւ գիտէի թէ *մեղմ* ինչ էր Հօրս Համար,

եւ թէ ինչ է տակաւին։

Մեղմը ողորկ քարերն են

անզուսպ գետի յատակին,

ծաղիկը, որ կը ջրուի

բայց բնաւ չի քաղուիր,

մարգարտաշար մանեակը

որ բնաւ վիզէն չեն կախեր։

Սակայն ողորկ քար չէի,

Flower

Women need to be gentle,
my father said to me
one hot August day.
The petals withered in my soul,
the color left my face,
but I tried to smile and say *yes*.
But I couldn't.
My skin was tired
under the warm August sun.
At this time the green hills had left,
and golden ones came.
No, I couldn't.
Because I knew what *gentle* was to my father,
and what it still is to him.
Gentle is the smooth stones
under the uncontrollable river,
the flower that is watered
but is never picked,
the pearl necklace
that is never worn.
But I was not a smooth stone,

գեղեցիկ վարդ մը չէի:

Եւ ասիկա Հօրս չկրցայ ըսել:

Ջերմ Հով մը մազերս մեղմօրէն յուզեց

մինչ ամառնային քոյրերը խորունկ կը ներշնչէի:

I was not a beautiful rose.

I couldn't say this to my father.

A warm wind gently stirred my hair,

while I deeply breathed in the summer scents.

Երազ

Տանս դիմացի փողոցը

ոլոր մոլոր կը դառնայ ամբողջ քաղաքին մէջ

ուր կ'ապրիմ:

Ամէն առտու, տաք սուրճով

այս փողոցէն կը քալեմ

եւ դէմքերուն ու դէմքերուն կը նայիմ:

Գիշերները երազներս կը լեցուին

անհամար դէմքերով

—ծուռումուռ դէմքեր, անօթի դէմքեր,

դէմքեր առանց քիթերու, առանց յօնքերու—

մանուկի մը գիրուկ դէմք, կանաչ դէմքեր,
կապոյտ դէմքեր:

Յանկարծ կ'արթննամ

եւ այս դէմքերը չեմ կրնար մոռնալ:

Ուրեմն փողոցին մէջ կը քալեմ

այն յոյսով որ երազէս գոնէ մէկ դէմք պիտի
տեսնեմ:

Հայելիին մէջ կը նայիմ,

կը փորձեմ այս դէմքերը կազմել,

բայց ոչի՜նչ:

Ուրկէ՞ կու գան այս տարբեր դէմքերը,

Dream

The street in front of my house

twists through the entire city

where I live.

Each morning, with warm coffee

I walk on this street,

and I look at the faces and faces.

In the nights my dreams are filled

with countless faces—

twisted faces, hungry faces,

faces without noses, without eyebrows—

a child's chubby face, green faces, blue faces.

Suddenly I awaken,

and I can't forget these faces.

So I walk in the street

with hope that I will see at least one face from my dream.

I look in the mirror,

I try to make these faces,

but nothing.

Where do these different faces come from,

եւ ինչո՞ւ ամեն գիշեր։

Ջանոնք կը տեսնեմ նոյնիսկ

երբ արթուն եմ։

and why every night?

I even see them

when I'm awake.

Լոյս

Արեւուն լայն թեւերը կը տարածուէին աշխարհի
վրայ

եւ լոյսը երկրի տարբեր գոյներն ու դէմքերը
կը յայտնաբերէր։

Կապոյտ ծովեր հանդարտ վերմակներու պէս

հովէն կը տատանէին։

Մէկիկ մէկիկ նարինջ տերեւներ կ'իյնային գետին,

եւ կանաչ խոտին վրայ մանուկներ կը խաղային։

Լոյսը կեանք ու վճիտ պարզութիւն կը բերէ,

ու ասիկա անգամ մը տեսայ։

Անգամ մը լոյսին գեղեցկութիւնը տեսայ։

Անգամ մը լոյսը ուզեցի։

Գիշերները սակայն ամեն տեղ կը հետեւին ինծի։

Երբ արեւը գայ

շուքեր կու գան ետեւէս։

Երբ լոյսերը վառին

պէտք է գոցեմ աչքերս։

Լոյսը կրնամ երազներուս մէջ տեսնել,

բայց երբ արթննամ, ամեն ինչ կ'աղօտի,

միտքս խաւար կը տեսնէ։

Ինչպէ՞ս կրնամ շրջիլ լոյսին։

Հոգիս ինչպէ՞ս շուքերէն կրնայ դառնալ արեւուն։

Light

The sun's wide arms spread over the world,

and the light revealed the different colors and faces of the earth.

Blue seas, like peaceful blankets,

rippled from the wind.

Orange leaves fell to the ground one by one,

and children played in green grass.

The light gives life and clarity,

and one time I saw this.

One time I saw the light's beauty.

One time I wanted the light.

But the nights follow me everywhere.

When the sun comes,

shadows follow me.

When the lights turn on

I must close my eyes.

I can see the light in my dreams,

But when I wake, all is foggy.

My mind sees darkness.

How can I return to the light?

How can my soul turn from the shadows to the sun?

Մնաս բարով

Եւ կեանքը տարօրինակ է:

Երկու տարի ետք,

ինչպէ՞ս ըսեմ «մնաս բարով».

«մնաս բարով» բազում գեղեցկութեան,

«մնաս բարով» կենսունակ դասարանին,

«մնաս բարով» ամենօրեայ լուսաւորումին:

Ժամբան բաց է,

ու թէեւ կոյր եմ,

միայնակ չեմ:

Բառերը՝ մեռած ոգիներէ,

ինծի կը հետեւին,

ինծի կ'երգեն,

ինծի կը խօսին:

Ուր ալ երթամ ես

անոնք կու գան:

Ժամբան այնքան ալ երկար

եւ մութ չէ,

քանի որ զանոնք

հոգիիս մէջ կը կրեմ:

Farewell

And life is strange.

Two years later,

How can I say "farewell"?

"Farewell" to so much beauty,

"farewell" to the lively classroom,

"farewell" to daily illumination.

The way is open,

and although I am blind,

I am not alone.

The words from dead spirits

follow me,

sing to me,

speak to me.

Wherever I go

they come.

The way is not so long

nor dark,

because I carry them

in my soul.

Պատուհան

Ինծի կ'ըսեն, որ ներս մնալը յիմար բան է:

Սենեակիս եւ տանս մէջ բան չկայ:

Բան մը չկայ, բան մը չկայ կ'ըսեն: *Այս չորս պատերէդ դուրս շատ կեանք կայ:*

Իրաւ ալ, դուրսն են պայծառ գոյներն ու կանաչ բլուրներն ու ընկերները:

Եւ, անշուշտ, սէրը դուրսն է:

Դուրս գացող մարդը աւելի լաւ կ'ըլլայ: Աւելի լաւ կեանք կ'ունենայ:

Բայց այդ ձեւով արդէն ապրած եմ, ու աւելի սենեակիս մէջ կ'ուզեմ ապրիլ:

Սենեակս պատուհան մը կայ, ու անոնք այս պատուհանին մասին բան չեն գիտեր:

Այս պատուհանէն աւելի կը տեսնեմ ու կը փորձըկալեմ քան եթէ դուրսը ըլլայի:

Սենեակին պատուհանէն ծերունի մը կը տեսնեմ իր վարդի ածուին մէջ:

Կը տեսնեմ, որ աչքէն արցունք մը կը կաթի գետին:

Մայթին վրայ ժպտուն մայր մը երջանիկ դէմքն ուրիշ կողմ կը դարձնէ երբ իր պզտիկը կը սայթաքի:

Պատուհանէն լսած եմ շատ գաղտնիքներ. լսած եմ երգող թռչուն. լսած եմ խաղացող մանուկներ:

Կեանքի պզտիկ բաները կը սիրեմ, ուրեմն պատուհանիս ետին պիտի մնամ:

Window

They tell me that staying inside is foolish.

In my room and in my house there is nothing.

There is nothing, there is nothing, they say. *Outside of these four walls of yours there is life.*

Truly, bright colors and green hills and friends are outside.

And, of course, love is outside.

The man who goes outside is better. He has a better life.

But I have already lived like that and I like to live in my room more.

In my room, there is a window and they don't know a thing about this window.

I see and experience more from this window than if I was outside.

From the room's window, I see an old man in his rose garden.

I see that from his eye a tear falls to the ground.

On the sidewalk, a smiling mother turns her happy face away when her child trips.

From the window, I have heard many secrets; I have heard singing birds; I have heard playing children.

I like the little things of life, so I will stay behind my window.

Լուսանցք

Մեր կեանքերը կը գրենք թուղթի վրայ։

Մատիտով ու գրիչով կը նկարագրենք թէ
ուրկէ եկանք։

Էջեր ու էջեր կը գրենք։

Բայց լուսանցքները դատարկ ու սպիտակ
կը ձգենք։

Անոնք ետ կը նային մեզի։

Լուսանցքները էջին բառերը կը կոկկեն ու էջը
մաքուր կ՚երեւի։

Ամեն մարդ կեանքի լուսանցքներ ունի։

Որո՞նք են ձերինները։

Լուսանցքները այն այլանդակ բաներն են,
որ չենք ուզեր որ մէկը գիտնայ։

Մեր կեանքերէն անխաւ կը ձգենք զանոնք։

Այդ ձեւով մեր կեանքերը թուղթին պէս մաքուր
կ՚երեւին։

Բայց լուսանցքները խաբեբաներ են, եւ յաճախ
կեանքը անկարգ ու անհաճոյ կ՚ըլլայ։

Margin

We write our lives on paper.

With pencil and pen we describe from where
  we have come.

We write pages and pages.

But we leave the margins empty and
  white.

They look back at us.

The margins make the page's words tidy and the
  page appears clean.

Every man has margins in his life.

What are yours?

The margins are those extraordinary things that
  we don't want another to know.

We leave them detached from our lives.

That way our lives appear clean like
  paper.

But margins are tricksters, and often life becomes
  disorderly and unpleasant.

Երկուք

Ծովեզերք գացի որովհետեւ մինակ կը զգայի:

Գեղեցկութիւն եւ արուեստ կ'ուզէի տեսնել:

Ծովը լուռ էր եւ խաղաղ:

Ապա, ծովը խօսեցաւ: Ըսաւ՝ *Գեղեցկութիւն եւ արուեստ պիտի տամ քեզի:*

Յանկարծ, Աստղիկն ու Վահագնը հասան ծովուն վրայ:

Աստղիկը աստղի մը պէս էր: Շատ գեղեցիկ էր:

Մազերը նման էին ծաղիկներու: Իր մորթը ճերմակ էր:

Վահագնը չատ ուժեղ էր: Շանթ մը կար իր ձեռքին մէջ:

Մազերն ու մօրուքը կարմիր էին:

Միասին խօսեցան. *Մենք՝ երկուք, մենք գեղեցկութիւն եւ արուեստ ենք:*

Ապրէ՛ մեզի համար եւ գործէ՛ մեզի համար, ու երջանիկ կեանք պիտի ունենաս:

Ուրեմն, կեանքս ամբողջ կ'ապրիմ գեղեցկութեան համար եւ կ'աչխատիմ արուեստին համար:

Ատիկա է միակ երջանիկ կեանքը:

Two

I went to the seashore because I felt lonely.

I wanted to see beauty and art.

The sea was quiet and peaceful.

Then, the sea spoke. It said, *I will give you beauty and art.*

Suddenly, Astghik and Vahagn arrived on the sea.

Astghik was like a star. She was very beautiful.

Her hair was like flowers. Her skin was white.

Vahakn was very strong. There was a lightning bolt in his hand.

His hair and beard were red.

They spoke together, *We, the two of us, are beauty and art.*

Live for us and work for us, and you will have a happy life.

Therefore, I live my life entirely for beauty and I labor for art.

That is the only happy life.

Աստ անդ

Պզտիկ աղջիկ էի
եւ կ՚ուզէի գիտնալ թէ ո՞վ էի այս աշխարհին մէջ:
Միշտ երկու աշխարհի միջեւ կ՚ապրէի՝
հայրիկիս եւ մայրիկիս:
Կը յիշեմ թէ ինչ կը մտածէի երբ պզտիկ աղջիկ էի.
մայրիկիս աշխարհը ամերիկեան էր՝
ընթրիքին իւղաբլիթ,
ծնողներու դէմ ըմբոստութիւն,
ընկերներ տեսնել ընտանիքէն աւելի:
Հայրիկիս աշխարհը հայկական էր.
մեծ քիթեր,
տարբեր ուտելիքներ,
ծնողներուն հանդէպ յարգանք,
առաջ՝ ընտանիքը միշտ:
Պզտիկ բառեր.
eshoo klookh!
hos yegoor!
yes kezi g'seerem.
Ուրեմն հայերը կը դիտէի ամերիկեան աչքերով,
եւ ամերիկացիները կը դիտէի հայու աչքերով:
Չէի կրնար զգալ այն ինչ որ ամերիկացիներ
    կը զգային

Here there

I was a little girl,
and I wanted to know who I was in this world.
I was always living between two worlds,
my father's and my mother's.
I remember how I thought when I was a young girl:
My mother's world was American;
pancakes for dinner,
rebelling against parents,
seeing friends more than family.
My father's world was Armenian;
large noses,
different foods,
giving respect to parents,
family was always first.
Little words:
eshoo qlookh!
hos yegoor!
yes kezi g'seerem.
So I looked at Armenians with American eyes
and I looked at Americans with Armenian eyes.
I could not feel what Americans were
    feeling,

որովհետեւ *իսկապէս* ամերիկացի չէի,

ու հայերէն չէի կրնար խօսիլ,

որովհետեւ *իսկապէս* հայ չէի:

Պզտիկ աղջիկ էի,

ու կ'ուզէի գիտնալ թէ այս աշխարհին մէջ ո՞վ էի:

Միշտ երկու աշխարհի միջեւ կ'ապրէի՝

հայրիկիս եւ մայրիկիս:

Պզտիկ աղջիկ էի,

ու բառ մը կար հոգիիս մէջ.

աստանդական:

because I was not *really* American.

and I could not speak Armenian,

because I was not *really* Armenian.

I was a little girl,

and I wanted to know who I was in this world.

I was always living between two worlds,

my father's and my mother's.

I was a little girl,

and the word I had in my soul was

wanderer.

Memoirs

I. The Beginning and The Middle

They are everywhere,
My older sister whispered to me
late at night, back hunched,
long, youthful arms hugging
her round buckled knees.
Her porcelain face was distorted
by the light of the flashlight under the sheets.
The arch of her nose,
the rise of her lips
cast long disfigured shadows
dancing up her eyes and over her forehead,
and she looked
real, trustworthy.
She would not lie.
She was truth.
I was not alone.

And so I would look for the fairies:
under benches and behind trees,
in lampposts and spider webs,

Յուշագրութիւններ

Ա. Սկիզբն ու մէջտեղը

Ամէն տեղ են,

փափուկ աւազ քոյրս ինծի

ուշ գիշերին, մէջքը ծռելով,

երկար, մատղաշ թեւերը գրկած

կլոր, ծալած ծունկերը:

Յախճապակիէ դէմքը ծամածռած էր

սաւանին տակ պահած ձեռքի լապտերին լոյսով:

Քիթին կամարը,

շրթներուն վերնամասը

երկար այլանդակուած ստուերներ կը տարածէին

պարելով իր աչքերն ու ճակատն ի վեր,

իսկ ինք կ'երեւէր

իրական, վստահելի:

Ինք պիտի չստէր:

Ինք ճշմարտութիւնն էր:

Առանձին չէի:

Եւ ուրեմն պիտի փնտռէի պարիկները.

նստարաններու տակ ու ծառերու ետին,

լուսասփիւներու եւ սարդոստայններու մէջ,

in the reflections from colored glass,

and between the fall leaves the wind blew.

I never saw even one.

But my sister saw them everywhere.

Wings of silk fluttered behind every bush,

fairies left their miniature slippers

under her pillow,

they hung their fairy dust

on the arms of birch trees, and

strings of their golden hair

could be found glinting

in the sun as they

floated down the neighborhood
    creek.

She would hear whispers in her ear at night

as she fell asleep, and the next morning,

wide-eyed with wonder,

she would tell me what they told her—

and how they wanted

to be found by me too.

գունաւոր ապակիի ցոլքերուն մէջ
եւ Հովուն թռցուցած աշնան տերեւներուն միջեւ:
Հատ մ'իսկ չտեսայ բնաւ:

Սակայն քոյրս զանոնք կը տեսնէր ամենուր:
Մետաքսէ թեւեր կը թրթռային ամեն թուփի ետին,
պարիկներ իրենց մանրիկ Հողաթափերը կը ճգէին
իր բարձին տակ,
իրենց դիւթական փոշին կը թառէր
կեչիներու ճիւղերուն վրայ, ու
իրենց ոսկի վարսերէն թելեր
կարելի էր գտնել
փայլփլուն ծփանքով
երբ արեւուն տակ կը սաՀէին թաղի առուակն
ի վար:
Գիշերը փսփսուքներ պիտի լսէր ականջին մինչ
կը քնանար, ու յաջորդ առտու զարմանքէն
լայնաբաց աչքերով
պիտի պատմէր ինծի թէ ի՞նչ ըսեր էին իրեն—
եւ թէ ինչպէ՜ս կը փափաքէին որ
ես ալ զիրենք գտնէի:

Today she looks at me
with spent wonder in her eyes.
Her arms are gangly and stretched,
her knees are knotted and bruised.
And she searches everywhere—
behind the bushes
and tree branches;
beneath her pillow
and by the creek.
She hears them whisper to her
in her ear at night,
and she tells me what they say.
But this cannot be real,
she can't be truth.
And I'm alone.

Hunched over in a knitted blanket,
her face stretched with want,
she tells me she has found them.
She tells me that they say
they still want to be found by me too.

Այսօր ինծի կը նայի
աչքերուն մէջ ուժատ զարմանքով:
Թեւերը վտիտ են ու երկարած,
ծունկերը կնճռոտ են ու ճմլուած:
Ու կ'որոնէ ամենուր—
թուփերուն եւ
ծառերու ճիւղերուն ետին.
իր քարճին տակ
եւ առուակին մօտ:
Կը լսէ թէ ինչպէս կը փսփսան
գիշերը իր ականջին,
եւ ինծի կը պատմէ թէ ինչ կ'ըսեն:
Ասիկա սակայն իրական չի կրնար ըլլալ,
ինք ճշմարտութիւն չի կրնար ըլլալ:
Եւ ես առանձին եմ:

Ծռած՝ հիւսուած ծածկոցի մը տակ,
իր դէմքն երկարած կարօտով,
կը պատմէ ինծի թէ գտած է զանոնք:
Կ'ըսէ ինծի թէ անոնք
տակաւին կ'ուզեն գտնուիլ ինձմէ:

So I look.

And now years later I can see—

they're not what she says.

We are too old for fairies.

Their wings are not made of silk.

Behind the bushes there is no light.

And the whispers in the darkness

are not innocent.

II. The End

Her soul was set free from her body.

But before she was laid in the mossy earth,

She was alive.

She was alive.

And everything was art.

Her hands, like two doves in the sky,

flew across the canvas

in a flurry of color.

She would tell me

art for art's sake

was all that mattered.

Ուրեմն կը դիտեմ։

Եւ այժմ, տարիներ ետք կրնամ տեսնել՝

անոնք իր ըսածները չեն։

Անցեր ենք պարիկներու պատշաճ տարիքը։

Անոնց թեւերը մետաքսէ չինուած չեն։

Թուփերուն ետին լոյս չկայ։

Եւ խաւարին մէջ փսփսուքները

անմեղ չեն թուիր։

Բ. Վերջ

Իր հոգին ազատ մնաց իր մարմնէն։

Բայց մամռոտ հողին մէջ պառկելէ առաջ

ան ողջ էր։

Ողջ էր։

Ու ամեն ինչ արուեստ էր։

Երկինքը ճախրող երկու տատրակներու պէս

ձեռքերը կը թռչկոտէին կտաւին վրայ

գոյներու ճիւնահովի մէջ։

Ինծի պիտի ըսէր թէ

միակ էական բանն էր

արուեստը արուեստին համար։

When she spoke, she didn't use words,

only butterflies

that would dance like Tchaikovsky's swans

out of her mouth,

to tickle and taunt my ears.

The forest was where she would go

when she wanted to be reborn.

She would breathe in the green

and yellows and browns of the leaves and bark,

and she let me follow her and watch

how she did it.

I tried to breathe once,

but I felt fake, not real.

So I watched her from behind a tree.

In the winter she would wake up

in the mornings early enough

to look at the frost on the garden plants,

and would stay there for hours until

the frost began to dew and drip off

Երբ խօսէր, բառեր չէր գործածեր,

միայն թիթեռներ

որ պիտի պարէին Չայքովսքիի կարապներու նման

իր բերնէն դուրս,

ականջներս խտղտելու եւ հեգնելու համար:

Անտառն էր ուր կ'երթար

երբ ուզէր վերածնիլ:

Կը չնչէր կանաչին ու

դեղիններուն եւ թխագոյններուն մէջ տերեւներուն եւ կեղեւներուն,

ու կը ճգէր որ հետեւէի իրեն ու դիտէի

թէ ինչպէ՞ս կ'ընէր ատիկա:

Փորձեցի անգամ մը չնչել,

բայց կեղծ զգացի, ոչ իրական:

Այնպէս որ զինք դիտեցի ծառի մը ետեւէն:

Ձմեռը կ'արթննար

վաղ առաւօտուն

նայելու պարտէզի տունկերու եղեամին

ու կը մնար հոն ժամեր ու ժամեր, մինչեւ

եղեամը սկսէր չաղի վերածուիլ ու չիթիլ

and she would catch it in her mouth
and drink the water.

Then she saw that Plato, and Aristotle,
Nietzsche, and Mill,
were what it took to survive.
She never returned to her canvas.
She never walked into the woods to be reborn.
She didn't care about the garden anymore;
only her mental garden,
which she cultivated so much
that the flowers withered in her body,
and her blood stopped pulsing.

And she could no longer be alive.
And her soul was set free from her body.
And as she now lies
under the moist earth—
trees sprout forth from her limbs;
earthworms gather in colonies
between her toes.
Moss spreads itself like

ու ինք բռնէր զայն իր քերնով
ու Քուրը խմէր:

Ապա տեսաւ որ վերապրելու Համար
պէտք ունէր Պղատոնի, Արիստոտելի,
Նիցչէի ու Միլի:
Բնաւ չդարձաւ իր կտաւին:
Բնաւ չքալեց դէպի ծառերը՝ վերածնելու:
Պարտէզը չխնամեց այլեւս.
միայն իր մտաւոր ածուն,
որ մշակեց այնքան
որ ծաղիկները թոռմեցան իր մարմնին մէջ,
ու իր արիւնը դադրեցաւ քաքախելէ:

Եւ ան ա՛լ չկրցաւ ողջ մնալ:
Եւ իր Հոգին ազատագրուեցաւ իր մարմնէն:
Եւ մինչ ան Հիմա կը պառկի
խոնաւ Հողին տակ—
ծառեր կը ծլին իր ծայրանդամներէն.
գետնի որդեր կը Հաւաքուին գաղութներու մէջ
ոտնամատերուն միջեւ:
Մամուռը կը ծաւալի ինչպէս

daylight after the night,
over the entirety of her.
And she returns once more, to
art for art's sake.

օրուան լոյս՝ գիշերուընէ ետք
իր ամբողջութեան վրայ։
Եւ ան կը վերադառնայ անգամ մը եւս դէպի
արուեստը արուեստին համար։

Beauty

How is it—
you exist.

We call you many names,
building tall towers,
constructing crystal castles,
publishing periodicals,
binding books and books of you.

Here you are—
no, there.

You are
what i say
you are—
bacteria, squirming lifeless
beneath microscope's eye—
picked at, spot after spot.

But you
speak—

Գեղեցկութիւն

Ինչպէս կ'ըլլայ—
կաս դուն:

Քեզ կը կոչենք չատ անուններով,
բարձր աչտարակներ չինելով,
կառուցելով բիւրեղէ դղեակներ,
պարբերականներ հրատարակելով,
քեզմէ գիրքեր ու գիրքեր կազմելով:

Ահա հոս ես—
չէ, այդտեղ:

Դուն ես այն
որ ես կ'ըսեմ
որ ես
—մանրէներ անկենդան գալարուող
մանրադիտակի աչքին տակ—
վերցուող՝ բիծ առ բիծ:

Բայց դուն
կը խօսիս

apricot sunset,

trembling leaf,

a blush from petals,

pregnant terror in storms,

silver lake of moon—

and i

wonder—

at the magnitude,

clinging to existence.

—ծիրան մայրամուտ,

դողդոջուն տերեւ,

չափրակներու չիկնանք,

մրրիկներու մէջ յղի սարսափ,

լուսնի արծաթ լիճ—

իսկ ես

զարմացած

վեհութենէն,

կը փարիմ գոյութեան:

Stillborn

I.

I am
the inability.
I carry it in me,
a basket of unspoken words,
ideas, floating vaguely
in the blue chaos of my *I am*.
Pregnant,
a life of words is forming—
not as it should be.
Limbs, unaccounted spring—
crooked, sharp teeth—
twenty purple toes.
To abort the growth
is not to unthink.

But to see who I am,
this I see, this I am—
sun through green leaves
speckle a sleeping cheek
like glistening fish scales,

Մեռելածին

Ա.

Ես եմ

անկարողութիւնը։

Մէջս կը կրեմ զայն,

բառերու կողով մը անխօս,

գաղափարներ տարտամօրէն ծփացող

ես եմ իս քառսին մէջ կապոյտ։

Ցղի,

կեանք մը կը կազմուի բառերու—

ոչ ինչպէս Հարկ էր ըլլար։

Ծայրանդամներ, չպատմուած ծագում

—ծուռ, սուր ակռաներ—

քան ծիրանագոյն ոտնամատ։

Բերքը վիժելը

միտքը փոխել չէ։

Տեսնել սակայն թէ ով եմ,

ա՛յս կը տեսնեմ, այս ես եմ—

կանաչ տերեւներու մէջէն արեւ,

քնացող այտի վրայ բիծ ինչպէս

պսպղացող ճուկի թեփ,

while lilacs and jasmine blush
scents to the wind;
she carries them, singing,
gently leaving their I am
on the hair of weeping willows and
on the white arms of birch trees;
the moss on the rocks turn
half a face away,
the blue sky bows aside
for a purple magnitude.
Here I breathe, here I drink, here
I am.
Then,

conceived and formed,
shaped and molded,
trained, conditioned,
the birth of your own growth.
Laying neatly,
ordered, arranged,

մինչ եղրեւանիներն ու յասմիկը կը չիկնին

բուրելով հովին.

ան կը կրէ զանոնք, երգելով,

մեղմօրէն լքելով անոնց եւ եմը

լացող ուռիներու վարսերուն վրայ ու

կեչիներու ճերմակ թեւերուն.

մամուռը կը դարձնէ քարերու վրայ

իր կէս դէմքը միւս կողմ,

կապոյտ երկինքը կը ծռի մէկ կողմ

ծիրանագոյն ծաւալով:

Ահա կը չնչեմ, ահա կ'ըմպեմ, ահա

եմ:

Յետոյ,

յղացուած ու կազմուած,

կերպաւորուած ու կաղապարուած,

մարզուած, պայմանաւորուած՝

սեփական բերքիդ ծնունդը:

Կոկիկ պառկած,

կարգի դրուած, դասաւորուած,

your I am is

this; not my chaos.

II.

Yet

I too can call—

I can summon Orpheus,

singing and composing fire,

hand of divinity to bring the rest.

I speak Rilke,

Dickinson,

cummings—

they carry the moon,

angels and petals

and time and space

that sing the

I am

of me.

Through Eliot and Weil,

they gather the past,

ես եմդ է

այս. ոչ իմ քաոսս:

Բ.

Տակաւին

ես ալ կրնամ կանչել,

այստեղ կոչել Որփէոսը,

երգելով ու կրակ յօրինելով,

աստուածութեան ձեռքը բերելու Հանգիստ:

Կը խօսիմ Ռիլքէ,

Տիքինսընն,

Քըմմինկզ—

անոնք լուսինը կը կրեն,

Հրեշտակներ ու շափրակներ

եւ ժամանակ ու միջոց

որ կ'երգեն

ես եմը

իմ:

Էլիըթով ու Ուէյլով

կը Հաւաքեն անցեալը,

dancing trance-like
to the now,
giving life to the dead,
the would be forgotten,
evocation of humanity.
Do you understand
this?

III.

But my I am's
I am—
facing your birthed
swaddled growth,
groomed and healthy—
eyes wide shut,
and mouth open expectantly;
this would be scream
screams no sound.
Souls unhearing;
black impotence, devouring.

արբշռալիր պարելով
ներկային,
կեանք տալով մեռեալին,
մոռցուելիքին,
մտաբերում մարդկութեան:
Կը հասկնա՞ս
ասիկա:

Գ.

Սակայն ես եմիս
ես եմը—
դէմ յանդիման քու ծննդուած
խանձարուրուած բերքիդ,
խնամուած եւ առողջ—
աչքերը լայն փակած,
ու բերանն ակնկալիքով բաց.
այն որ ճիչ պիտի ըլլար
չի ճչար որեւէ ձայն:
Հոգիներ չլսող.
անկարողութիւն սեւ ու սպառիչ:

And though I know
the stars will always
hang each night;
the whisper speaks
in grey heather on green hills;
an ocean's shouting will always
wane to murmuring—

My I am,
my growth—
is stillborn.
And—I am—rendered—
voiceless.

Ու թէեւ գիտեմ՝

աստղերը պիտի միշտ

կախուին ամեն գիշեր.

փսփսուքը կը խօսի

կանաչ բլուրներու վրայ գորշ ցարասիի մէջ.

ծովու մը գոռոցը պիտի միշտ

հատնի մրմունջին առաջ—

Ես եմս,

բերքս—

մեռեալ է ծնած:

Եւ—ես եմ—ընծայուած—

անձայն:

ՅԱՒԵԼՈՒԱԾ Ա
ԱՐՁԱԿ

✣

Appendix 1
Prose

Կեդրոն

Աշխարհը ստեղծուած էր եւ մարդ անոր մէկ փոքր մասն էր: Մարդը սակայն մէկ հարցում ըրած էր. *Ո՞ւր է կեդրոնը. եթէ չկան կենդանիներ, չկայ բնութիւն, ո՞ւր է ուրեմն:* Մե՛նք ենք ատիկա:

Գեղեցիկ քաղաքներ, ընտիր աշխարհներ եւ բառեր ստեղծեցինք: Մեր բարձր շէնքերէն հպարտ ժպիտներով կը նայինք կենդանիներուն եւ բնութեան: Երկրին կանաչ հողերը, անտառներն ու կապոյտ ծովերը կը տեսնենք: Եւ կ'այրենք, կը աղոցենք, կը պարպենք:

Մեր տիրապետութիւնը բնաւ չի վերջանար: Այն օրը, երբ մարդիկ լուսին իջան, շատ ցաւալի օր մըն էր: Նուիրականը մեռաւ եւ սրբութիւնը սպաննուեցաւ:

Center

The world was created and man was one small part of it. But one question was asked by man: "Where is the center? If it's neither animals nor nature, where then?" We are it.

We created beautiful cities and elegant worlds and words. From our high buildings with proud smiles, we look at nature and the animals. We see the earth's green lands, forests, and blue seas, and we burn, we saw, we empty.

Our domination never stops. That day when man landed on the moon was a very painful day. The sacred died and the holy was killed.

Բանաստեղծ

Աստուած աշխարհը ստեղծեց ոչ մէկ ծածուկ պատճառով կամ յետին «մտքով», այլ միայն ստեղծագործութեան համար: Ճշմարիտ բանաստեղծը յար եւ նման է: Կը գրէ՝ ոչ թէ բան մը կամ ոեւէ մէկը յառաջ քշելու համար, այլ բանաստեղծը կը գրէ ստեղծելու համար: Որովհետեւ ատելութեամբ, երկիւղով, սպանութեամբ եւ աւերումով լեցուն այս աշխարհին մէջ ստեղծագործութիւնը բարի է. ստեղծագործութիւնը բժշկութիւն է. ստեղծագործութիւնը անհրաժեշտ է:

Աստուած «բանաւոր» պատճառով չստեղծեց. նմանապէս, բանաստեղծը կ'ուզէ փախչիլ կեանքի «բանաւոր»՝ կառուցուած ըմբռնումներէն որ աշխարհը իրեն կու տայ: Միմիայն ստեղծագործութեան համար բանաստեղծութիւն գրելը հոգին պրպտել է: Ուզել գրել քերթուած մը որովհետեւ հոգին պէտք ունի ատոր՝ Աստուծոյ պէս ըլլալ է:

Poet

God created the world not for any hidden motive or "reason," but only for creation. The true poet is similar. She writes not because of a need to promote anything or anyone, but the poet writes for the sake of creation. Because in this world filled with hate, fear, murder, and destruction, creation is good; creation is healing; creation is indispensible.

God did not create for a "rational" reason, and similarly, the poet wants to escape life's "rational" constructed perceptions that the world gives to her. To write poetry only for its creation is to look through the soul. To want to write a poem because the soul has a need for it, is to be like God.

Գեղեցկութիւն

Երկար տարիներ, մարդիկ դժուարութիւն ունէին համաձայնելու գեղեցկութեան շուրջ: Առաջին, առարկայակա՞ն է գեղեցկութիւնը: Ոչ ոք կրնայ ժխտել վարդին կամ Թաժ Մահալին գեղեցկութիւնը: Բայց, օրինակի համար, ի՞նչ կրնանք ըսել լէշի մը մասին: Շատեր պիտի խորհէին որ անոր նեխած հոտն ու յօշոտուած անդամները շատ տգեղ եւ զզուելի են: Գեղեցիկ չէ, պիտի ըսէին: Բայց ոչ Պոտլէրը: Պոտլէր քերթուած պիտի գրէր անոր եւ իր սիրահարին մասին: Ուրեմն, ան այդ լէշը գեղեցկացուց բանաստեղծութեամբ: Հետեւաբար, գեղեցկութիւնը ենթակայակա՞ն է:

Եւ ի՞նչ է իմաստը գեղեցկութեան: Մարմնի հաճոյքի՞ն համար է, թէ՞ հոգիի հաճոյքին: Գեղեցկութիւնը գոյութիւն ունի մարդկային հոգիին համար: Հոգին աւելի վեր աշխարհ մը կը ձգտի հասնիլ, եւ յաճախ գեղեցկութիւնը կ՚օգնէ մեզի: Երբ մենք գեղեցկութիւնով շրջապատուած ըլլանք, մենք մեզ կը մոռնանք այս աշխարհէն: Յետոյ, մեր հոգիները ազատ կ՚ըլլան ապրելու աւելի վերնագոյն աշխարհներու մէջ:

Մէկը ինչ ալ խորհի գեղեցկութեան մասին, ամեն մարդ գեղեցկութիւն կը փնտռէ կեանքի մէջ:

Beauty

For years, man has had difficulty agreeing about beauty. First, is beauty objective? No one can deny the beauty of a rose or of the Taj Mahal. But, for example, what about carrion? Many people would think that its rotting scent and mangled limbs were ugly and disgusting. It is not beautiful, they would say. But not Baudelaire. Baudelaire would write a poem about it and his lover. Therefore, he made that carrion beautiful through poetry. Then is beauty subjective?

And what is the reason for beauty? Is it pleasure for the body, or pleasure for the soul? Beauty exists for the human soul. The soul yearns to reach a higher world, and often beauty helps us. When we are surrounded by beauty we forget about ourselves on this earth. Then our souls are free to live in higher worlds.

Whatever one thinks about beauty, everyone searches for beauty in life.

Ոգի

Ոչ թէ *ի՞նչ է ոգին*, այլ *ո՞ւր է ոգին*. մարդիկ յաճախ կը մտածեն որ այս հարցումը շատ դժուար եւ կնճռոտ է: Առաջին, ոգին գոյութիւն ունի՞: Եթէ մէկը այո կարենայ ըսել, ուրեմն յաջորդ հարցումը կ'ըլլայ ո՞ւր է ոգին:

Ամեն տեղ է ոգին: Ամեն գեղեցիկ բան կը տեւէ եւ ամեն գեղեցիկ բան ուրիշ աշխարհի մը կ'ուզէ հասնիլ: Տարիքոտ մարդու մը քով մանուկ մը կայ, ձեռքը գիրք մը. հիւանդանոցի մէջ են եւ պզտիկ մանուկը անոր կը կարդայ: Ոգին հոն է: Աղջիկը որ փիրաւոր թիթեռնիկ մը կը գտնէ եւ կու լայ ու կու լայ: Ոգին հոն է: Ցոգնած թափառականը որ գետին կ'իյնայ եւ ցեխը կը համբուրէ որովհետեւ այս ցեխը իր միակ տունն է: Ոգին հոն է: Մեր շարժումները իմաստ մը կը փնտռեն աւելի բարձր ու բացարձակ աշխարհի մը մէջ:

Կեանքի միջկապակցուած բնոյթը աւելի բարձր աշխարհ մը կը դիմէ: Ամեն ինչի մէջ աշխարհի մեծութենէն սարսուռ մը կայ: Ծառերը, ծաղիկները, խոտերը, լեռները դէպի վեր կը բուսնին: Ոգին նաեւ այնտեղ է, երբ անոնք երկինքներուն կը փորձեն հասնիլ: Բանաստեղծութեան իւրաքանչիւր բառէ, ամեն իսկական արարքէ, ամեն տերեւէ՝ ոգին գոյութիւն կ'ունենայ:

Soul

Not "What is the soul?" but "Where is the soul?" Humans often believe that this is a very difficult and complex question. First, does the soul exist? If someone can say "yes" to this, then the following question is: "Where is the soul?"

The soul is everywhere. Each beautiful thing lasts and each beautiful thing wants to reach another world. There is a child with a book beside an old man. They are in a hospital, and the little child reads to him; the soul is there. The girl who finds an injured butterfly, and cries and cries; the soul is there. The tired wanderer who falls to the ground and kisses the mud because this mud is his only home; the soul is there. Our actions search for meaning in a higher and absolute realm.

The interconnected nature of life reaches to a higher world. There's a tremble in everything from the world's magnitude. The trees, the flowers, the grasses, the mountains grow upward. The soul is here also, when they try to reach the heavens. From every word of poetry, from each genuine action, from each leaf, the soul exists.

Բառերով

Ինչպէ՞ս բառերով ըսեմ այն բաները որ կը զգամ։ Շունս անօթի կը զգայ ու կը հաչէ։ Կատուս բարկութիւն կը զգայ ու կը սուլէ։ Անոնք սակայն չեն խօսիր. մարդն է որ բառերով կը խօսի։

Մարդ բառերով կը խօսի միշտ պատմութիւն մը պատմելու համար։ Բառերով մարդ կը խօսի իր տխրութեան մասին։ Մինակութեան մասին կը խօսի բառերով։ Եւ բառերով սիրոյ մասին կը խօսի։

Ի՞նչ կը զգայ երբ անթերի բնանկարը տեսնէ։ Ձայն բառերու մէջ կը դնէ. գեղեցիկ, սիրուն, հոյակապ։

Անշուշտ, կենդանիները բառերով չեն խօսիր։

Շատ բառեր ունինք որովհետեւ շատ բան կը զգանք։ Եթէ կը մտածեմ, ուրեմն կամ, հետեւաբար կը զգամ, եւ ուրեմն բառերով կը խօսիմ։

With Words

How can I say with words those things that I feel? My dog feels hungry and barks. My cat feels angry and hisses. Yet they do not speak; it is man who speaks with words.

Man speaks with words always to tell a story. With words man speaks about his sadness. He speaks about loneliness with words. And with words he speaks about love.

What does he feel when he sees the perfect landscape?

He puts it into words— beautiful, pretty, magnificent.

Of course, animals do not speak with words.

We have many words because we feel many things. If I think, therefore I am, then I feel, and therefore I speak with words.

Այնթապ

Երբ Հայրիկս պզտիկ էր, իր մեծ Հայրը իրենց ընտանիքին մասին պատմութիւններ կը պատմէր իրեն: Տարիներ ետք, երբ ես պզտիկ էի, Հայրիկս մեր ընտանիքին մասին այս նոյն պատմութիւնները ինծի կը պատմէր:

Շատ բան չեմ գիտեր ընտանիքիս մասին եւ թէ ուրկէ եկած ենք, բայց քանի մը բան գիտեմ: Հիմնականին մէջ, ընտանիքիս մասին գիտեմ երազի մը պէս, շատ խուլսափուկ ու երկդիմի:

Հօրս Հայրիկը Հալէպ ծնած էր ցեղասպանութենէն առաջ: Հօրս մեծ մայրիկը Խարբերդ ծնած էր, իսկ իր ամուսինը՝ Վարդան անունով, Այնթապ կ'ապրէր: Գիտեմ որ Այնթապը մեծ միջնաբերդ մը ունէր: Ու իսկապէս ատիկա է ընտանիքիս մասին ամբողջ գիտցածս:

Սակայն շատ բաներ կրնամ երեւակայել Այնթապի մասին: Օդը գինձ եւ աղտոր կը բուրէր միշտ: Հոն ջուրը ամենէն լաւն էր. միշտ վարդերու կը նմանէր: Երազի մը պէս սակայն, այս վերացական գաղափարները ո՛չ իրական, ո՛չ ալ ճշմարիտ են, եւ իրականութեան մէջ ես բան չեմ գիտեր:

Վարդան, ինչո՞ւ մեզի աւելի զրոյցներ չէիր պատմեր:

Antap

When my Dad was little, his grandfather would tell him stories about their family. Years later, when I was little, my father would tell me these same stories about our family.

I don't know a lot about my family and where we came from, but I know a little. Mostly, I know about my family like a dream, very elusive and ambiguous.

My father's father was born in Aleppo before the genocide. My father's grandmother was born in Harput, and her husband, Vartan by name, was born in Antap. I know that Antap had a large citadel. And in truth that is all I know about my family.

But I can imagine many things about Antap. The air always smelled like coriander and sumac. There, the water was the best; it always resembled roses. But like a dream, these abstract ideas are neither real nor true and in truth I don't know a thing.

Vartan, why didn't you tell us more stories?

Գիտէի՞ր որ եթէ անցեալով չափազանց զբաղէինք, դէպի ապագայ պիտի չնայէինք: Թերեւս ատիկա՛ կ'ուզէիր:

Maybe because you knew that if we are too busy with the past, we won't look to the future. Maybe you wanted it like this.

Լոյսը

Մեծն Աստուած խաւարը չէր սիրեր որովհետեւ ինք էր Մեծն Լոյսը: Ուրեմն՝ արեւը: Արեւին տակ ծաղիկներ կ'աճին. տաքուկ կ'ըլլանք. շատ բան կը տեսնենք:
Կան նաեւ աստղերն ու լուսինը: Անոնք լոյս կ'ընծայեն երկինքին:
Բայց պզտիկ մարդ՝ պզտիկ մարդը պզտիկ արեւներ կ'ուզէր իր սենեակներուն մէջ:
Այս լոյսը կը սիրէր:
Հետեւաբար պզտիկ արեւներ կ'ուզէր ճամբաներուն վրայ եւ դպրոցներուն մէջ ու եկեղեցիներուն մէջ:
Եւ Հիմա պզտիկ մարդը Համակարգիչին լոյսը կը դիտէ եւ Հեռաձայնին կը խօսի:
Հիմա մարդ այլեւս լուսինը չի դիտեր, ոչ ալ աստղերուն կը խօսի:
Եւ Մեծն Աստուած խաւար է դարձեալ:

The Light

The Great God didn't like darkness because he was the Great Light. Therefore, the sun.

Under the sun flowers grow, we become warm, we see many things.

There are also stars and the moon.

They give light to the sky.

But little man, little man wanted little suns in his room.

He loved this light.

Therefore he wanted little suns on the roads and in schools and in churches.

And now little man watches the light of his computer and speaks to his phone.

Now man no longer watches the moon, or talks to the stars.

And Great God is darkness again.

Ինչո՞ւ

Երբ մէկը փոքր է, ամբողջ աշխարհը հարցումի մը պէս է: Պզտիկին երեւակայութիւնը կ'աճի միշտ, կը գոյանայ: Ներքին մտածող հոգին՝ միտքը շատ գեղեցիկ է, որովհետեւ *ինչու*ներով լեցուած է: Ճաշին ու ընթրիքին կը հարցնեն *ինչո՞ւ*. դասարանին մէջ կը հարցնեն *ինչո՞ւ*. քունէն առաջ կը հարցնեն *ինչո՞ւ*: Միշտ զարմանքի մէջ են:

Բայց երբ մէկը չափահաս կը դառնայ, *ինչո՞ւ*ն կ'ըլլայ *գիտեմ*: Բնաւ չեն զարմանար, որովհետեւ կը կարծեն թէ ամեն ինչ գիտեն: Եթէ աւելի հարցումներ հարցնէին, հաւանաբար պատերազմ չունենայինք ու աւելի խաղաղութիւն տիրէր:

Why?

When one is little, the whole world is like a question. The child's imagination is always growing, becoming. The internal-thinking spirit, the mind is very beautiful, because it is filled with *why*s. At lunch and dinner, they ask *why?* In the classroom they ask *why?* Before bed they ask *why?* They are always wondering.

But when one becomes an adult, *why?* becomes *I know.* They never wonder, because they think they know everything. If they asked more questions, maybe we would not have war and peace would reign more.

ՅԱՒԵԼՈՒԱԾ Բ
ՆՈՐԱԳԻՒՏ ԳՐՈՒԹԻՒՆՆԵՐ

✤

APPENDIX 2
NEWLY DISCOVERED WRITINGS

Երկու Հայրէն

Ա.

Կեանքս շատ դժուարին էր
    երբ պզտիկ աղջիկ մըն էի։

Անյաջող գերիի պէս
    դաշտին մէջ միշտ կ'աշխատէի։

Մեծ արեւը կը խնդար,
    լուսինը կը ժպտէր ինծի։

Մանկութիւնս շատ կարճ էր,
    երբ պզտիկ աղջիկ մըն էի։

Բ.

Մրմունջներով խօսեցանք
    սենեակիս մէջ այդ գիշերը։

Դուն Համերգի մը պէս ես,
    սիրելի երկինքի վա՛րդը։

Ինծի Համար երգեցիր
    սիրուն կեանքիդ պատմութիւնը։

Բայց Հիմա լռութիւն կայ.
    անմեկնելի տխրութիւն մը։

Two *Hayren*s

1.

My life was very difficult,
 when I was a young girl.

Like an unfortunate slave,
 I was always working in the field.

The great sun was laughing,
 the moon was smiling at me.

My childhood was very short,
 when I was a young girl.

2.

We spoke with whispers
 in my room that night.

You are like a symphony,
 dear rose of heaven!

You sang for me,
 your pretty life's story.

But now there is silence;
 an inexplicable sorrow.

Բարի Սամարացի

Լիանը անկողինին ծայրը նստաւ, կամակոր եւ Հպարտ: Պատուհանին խորը թափանցեց եւ բարկացկոտ ակնարկներ նետեց վարը կանգնած մարդոց: Երթուղիները արեւի լոյսին տակ փայլուն կարմիրով կը շողշողային երբ իր շուրթը խածաւ: Ծխիկ մը վառեց եւ ծուխը խորապէս շնչեց իր թոքերուն մէջ: Անցնող շաբթուան մէջ պատահած ամէն ինչ կը գրգռէր զինք. մայրը, տանտէրը, յարկաբաժինը... որմնաթուղթը պատռուելու վրայ էր եւ իր մայրը կ'ուզէր գալ իր մօտ ապրելու:

—Կեանքը միշտ քեզ կը տանի մինչեւ ծայրը,—մտածեց:—Այս անկողինին ծայրը: Քսանհինգ տարեկան եմ եւ «ոչ» չեմ կրնար ըսել մօրս:

Ծխիկին ծուխը շրջանակի կը պարէր հին որմնաթուղթին քով:

Այս շրջանակները... երիտասարդները կ'ապրին ծերերու հետ, ու ծերերը՝ երիտասարդ-ներու հետ...

Good Samaritan

Leanne sat on the edge of the bed, stubborn and proud. She looked through the window and darted angry glances at the people down below. Her lips in the sun's light were shining bright red as she bit her lip. She lit a cigarette and deeply breathed the smoke into her lungs. Everything from the past week irritated her; her mother, her landlord, her apartment… the wallpaper was tearing and her mother wanted to come live with her.

"Life always takes you to the edge," she thought. "The edge of this bed. I am 25 years old, and I can't say 'no' to my mother."

The cigarette smoke danced in circles beside the old wallpaper.

These circles… the young live with the old, and the old live with the young…

Իմ Արարատս

Ա.

Արեւու տաքութիւնը սիրելու համար՝
    նախ պէտք է անձրեւէ:

Բառեր գնահատելու համար՝
    նախ լռութեան պէտք է տոկալ:

Որպէսզի գեղեցկութիւնը ըլլայ աշխարհի մէջ՝
    նախ արուեստագէտներն ու բանաստեղծներն
    ու մայրերը պէտք է ցաւի տոկան:

Բ.

Ես հայ եմ,
    ես ամերիկացի եմ:

Ես գրող եմ,
    բայց բան մը չեմ գրեր:

Ես բարձրահասակ լեռ մըն եմ,
    բայց քարերս արտասուքի պէս կ՚իյնան:

Շատ դէմքեր կը տեսնեմ,
    բայց հոն են ու ես հոս եմ:

My Ararat

1.

To love the sun,
    first it must rain.

To appreciate words,
    first one must endure silence.

For there to be beauty in the world,
    first our artists and poets and mothers
    must endure pain.

2.

I am Armenian,
    I am American.

I am a writer,
    but I don't write anything.

I am a tall mountain,
    but my rocks fall like tears.

I see many faces,
    but they are there and I am here.

ՅԱՒԵԼՈՒԱԾ Գ
ՁԵՌԱԳԻՐՆԵՐ

✣

APPENDIX 3
MANUSCRIPTS

and above all,
life is lonely.
after all the glittering celebrations,
after the conversations' meaning,
after the promises and waiting,
you find yourself in an empty room.
noiseless breathing, confused thoughts,
the world's meaning is dead,
and you
are you
are you.
your eyes close & the world's theatre disappears,
your eyes open & you are an actor,
& suddenly you are in a crowd with masks.
masks,
that conceal faces
and how do you say to the masks
lonely
alone
...
the words fall like rocks,
tired & stale unaccustomed
from your mouth.

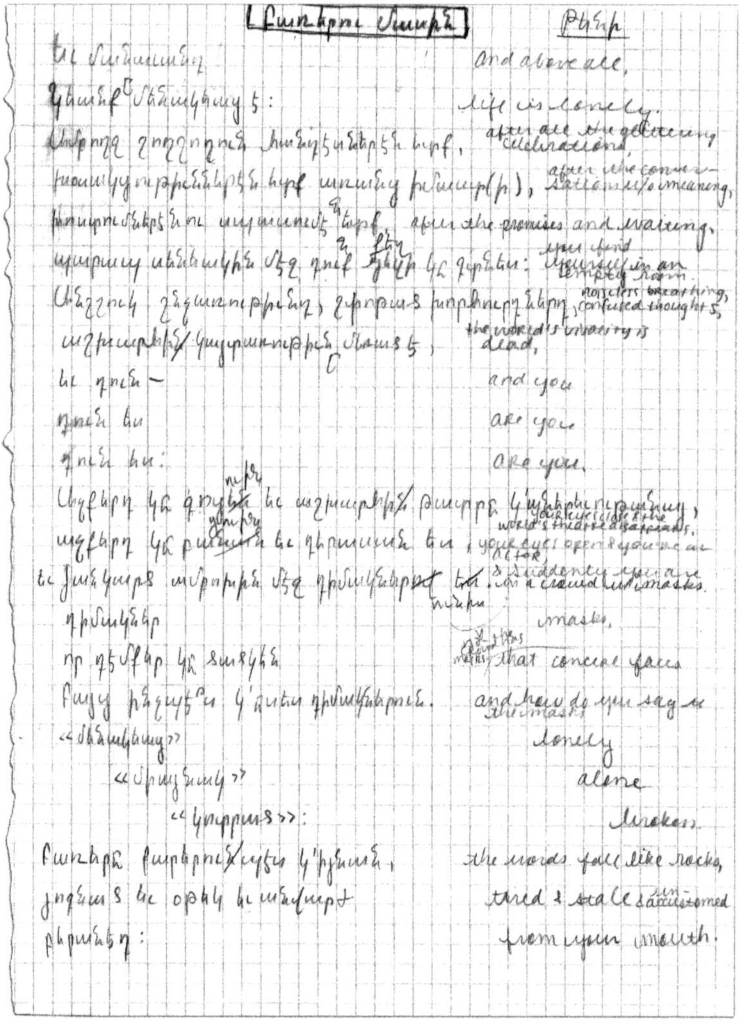

«Բառեր» (էջ 10)

"Words" (p. 11)

“Անվերջ սկիզբ” – endless beginning

1. my life's story will not end with my death
2. when I was born, my story began.
3. People say to us that "one day, we will die."
4. But that is not true. Our lives are like circles, giving new stories & beginnings to each thing we touch
5. Every word we speak is a little new beginning;
6. each word we write is a little new beginning;
7. each word ... thought / musing in our minds.
8. we give new beginnings to others by speaking & writing.
9. when we die, our traces continue in this life
10. therefore, death never comes to us.

Wow! wow!

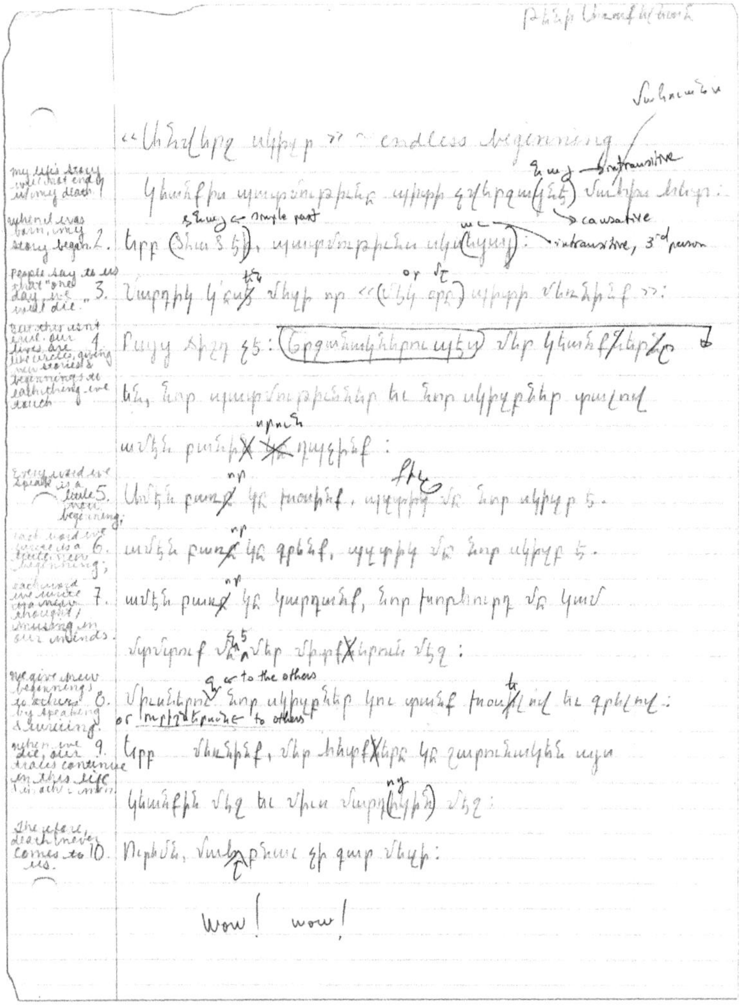

«Անվերջ սկիզբ» (էջ 20)

“Endless Beginning” (p. 21)

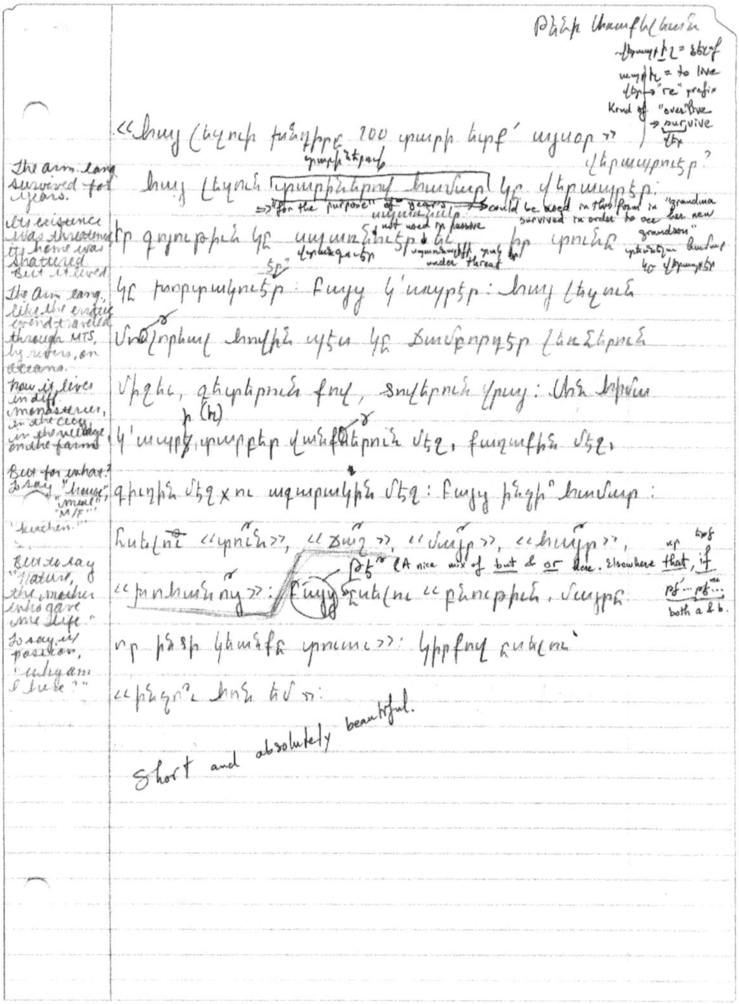

«Հայ լեզուի խնդիրը» (էջ 22)
"The Question of the Armenian Language" (p. 23)

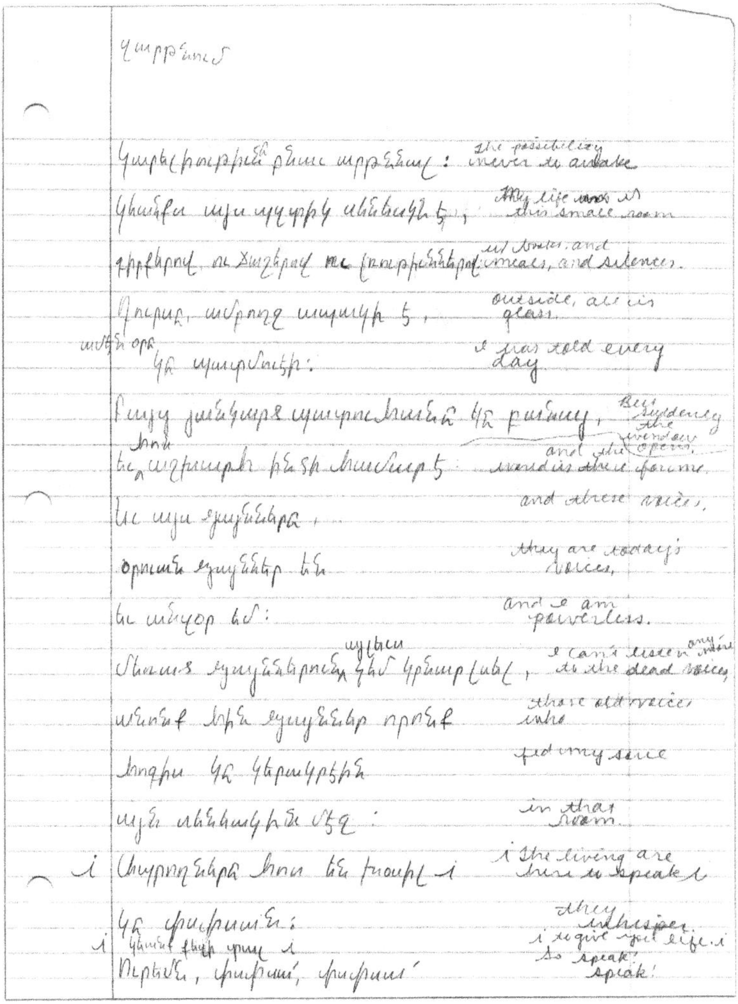

Արթնցում

Կարելիութիւնը քուս արթնալ։ *the possibility never to awake*
Կեանքս այս պզտիկ սենեակին է, *my life was in this small room*
դռներով ու ձայներով ու լռութիւններով *with doors, windows, and silences.*
Դուրս, ամրող ապակի է, *outside, all is glass.*
ամէն օրը
կը պատմուէր։ *I was told every day*
Բայց յանկարծ պատուհանէն կը բացուէր, *But suddenly the window opened*
եւ ազդարի բերք մտաւորէ *and there forms*
Եւ այս ձայներդ․․․ *and those voices*
Օրուան ձայներ են․ *they are today's voices,*
եւ անկար եմ։ *and I am powerless.*
Մեռած ձայներուն այլեւս չեմ կրնար լսել, *I can't listen anymore to the dead voices,*
անոնք ինծի ձայներ որոնեն *those other voices into*
հոգիս կը կերակրեն *fed my soul*
այն սենեակին մէջ։ *in that room.*
Ապրողներն հոս են խօսիլ, *the living are here to speak*
կը փսփսան․ *they whisper,*
քանի ձեր կեան․ *I require your life.*
ՈՒզեն, փսփսան, փսփսան *so "speak" speak!*

«Զարթնում» (էջ 24)
"Awaking" (p. 25)

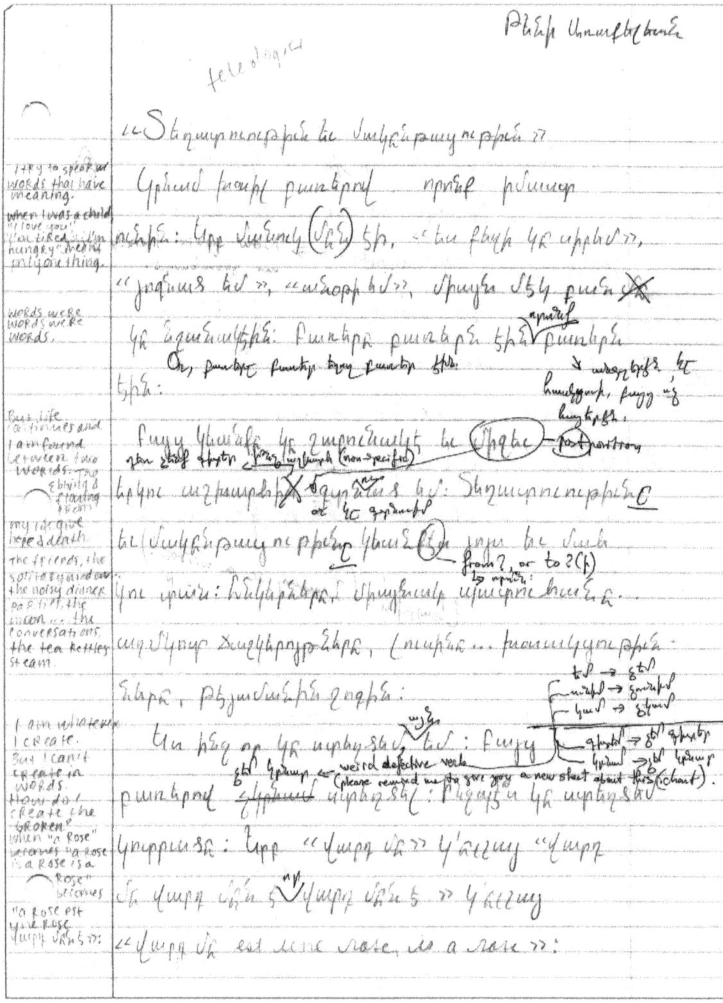

«Տեղատուութիւն եւ մակընթացութիւն», առաջին էջ (էջ 28)
"Ebb and Flow", first page (p. 29)

| Her life's |
| ebbing & flowing |
| creates a |
| creator and |
| distorts the |
| creations tools. | Կեանքիս փեզատրութիւնն ու մակընթացութիւնը

ստեղծող մը կը ստեղծեն, եւ ստեղծագործ տուեխանէն

գործիքները կը խախտածեն: → Now you're literally giving me goosebumps.

| and your, you |
| are you, and |
| I am I, and |
| anyway that a |
| word is spoken, |
| a word is written, |
| a word is |
| expressed, the |
| creation stays |
| distorted, |
| arbitrary, & |
| you are you & |
| I am I, and |
| our worlds |
| are broken. |

Եւ դուն: Դուն ես, ես ես եմ, եւ anyway that

a word is spoken, a word is written, a

word is expressed, la création reste

déformée, arbitraire որովհետեւ դռներնիս

եւ ես եմ, եւ մեր աշխարհները կոպուած են:

Սկսիմ· (I mean, as a writer!)

"Ebb and Flow", second page (p. 29)

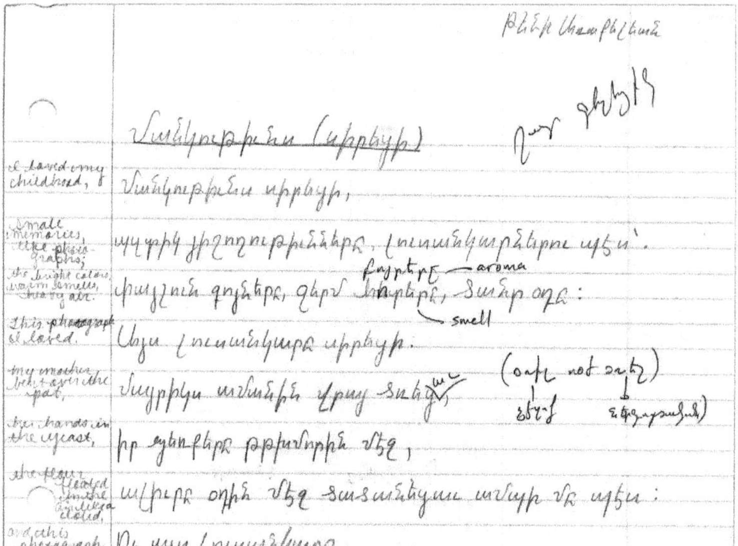

«Լուսանկարներ» (էջ 38)
"Photographs" (p. 39)

Փնտրայօրել - to search /
to seek for / after
թափառիլ - to wander
շուրջը - prepos. around
Սուզկայելիքիւ - peace

Ես քեզ գտայ։ — I found you.
Ծաղկաստանին կը թափառէի. — I was wandering around the flowerbed.
Կ'ուզէի միշտ երթալ — I would often go there
հայիլ զեղեցկութեան — to look at the beauty,
սպասել ու մտածել։ — to wait and think.
Կեանք ծաղկաստանին մէջ — Life in the flowerbed
աւելի փափուկ էր։ — was gentle / more delicate.
Արեւը սպասեց եւ գիշերը — sun waited
չէր գալու — and the night never came,
ծաղիկներ կը գալարուէին — white flowers curled
քամիին շոգ ներքեւ — under the wind's warm breath
Միայն ծաղիկներուն համար եկայ, — I only came for the flowers,
մէկ հոս մէկ հոն հոտոտել, — to smell one here and there,
քեզմէ մէկ կամ երկու քաղել. — to pick one or two;
քեզի համար չէի փնտրայօրել — I was not searching for you,
բայց դուն — but you

«Եղար» (էջ 60)
"You Were" (p. 61)

161

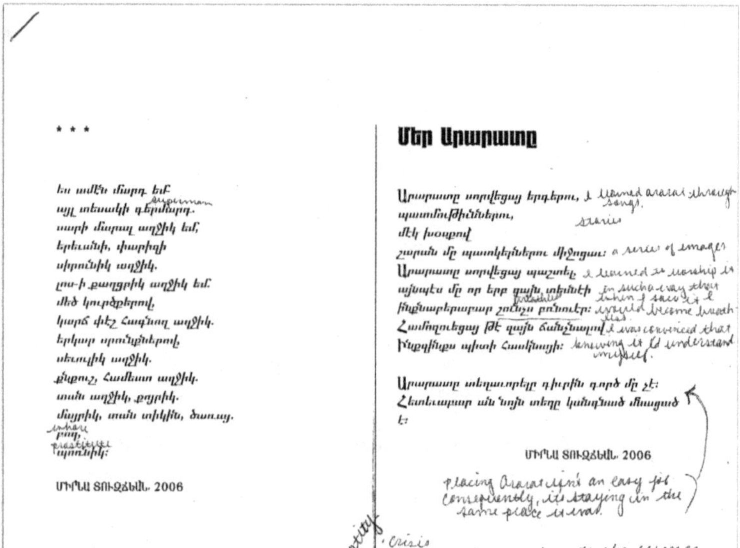

«Իմ Արարատս» (էջ 150)

"My Ararat" (p. 151)

ՅԵՏԳՐՈՒԹԻՒՆ
ԱՌԱՋԻՆ ՏՊԱԳՐՈՒԹԵԱՆ

✤

AFTERWORD TO
THE FIRST EDITION

Թենին ու Սողովմէն

Միացեալ Նահանգներու մէջ կը գտնուի Հայաստանէն դուրս ամենաստուար հայախօս զանգուածը, ու նաեւ՝ գրական արեւմտահայերէնի գիտակ անձերու աշխարհի մեծագոյն համախմբումը։ Ո՛չ միայն ատիկա՝ ամերիկահայ համայնքը արդի սփիւռքի հիմնական գաղութներէն թերեւս հնագոյնն է, որ արդէն կշիռք կը ներկայացնէր Եղեռնէն առաջ իսկ։ Հակառակ վերի հաստատումներուն սակայն, մօտ 120 *տարիներու ընթացքին հայերէնով ստեղծուած ու լոյս տեսած գեղարուեստական գրականութեան առաջին հատորն է այս գիրքը* (*գրուածքային բովանդակութեան ու ծաւալի աւանդական հասկացողութեամբ*), *որ արտադրուած ըլլայ ամերիկածին անձի մը կողմէ։*

Արլէնին ու Առաքելեանին միջեւ

Հեղինակը՝ Թենի Արլէն դուստրն է Թիմ Արլէնի եւ Թէմմի Շօուալթէրի, ու կրտսեր քոյրը՝ արդէն իսկ իր հայագիր գրութիւններով հրապարակ ելած Ճեսի Արլէնի։ Մեծ հայրն է որ Առաքելեան մականունը փոխած է Արլէնի։ Ծնած է ու մեծցած Գալիֆորնիա, հեռու հայկական շրջանակներէ՝ Ռիվըրսայտէն մինչեւ կեդրոնական Գալիֆորնիոյ Սան Լուիս Օպիսփօ քաղաքը։ Հայերէնի բացարձակապէս անտեղեակ, քսան տարեկանին է միայն որ կը տեղափոխուի Լոս Անճելըս, եւ UCLA *համալսարանի մէջ կը սկսի արեւմտահայերէն լեզուի եւ գրականութեան դասընթացքներու, հետեւելով իր զոյգ աւագ եղբայրներու քայլերուն, բայց հիմնականին մէջ անհատական մղումով։ Արդէն իսկ բանաստեղծական բացառիկ տաղանդի տէր ըլլալով, շուտով կը սկսի գրել նաեւ հայերէնով եւ դէպի լեզու «վերադարձ»ը կ՚ըմբռնէ որպէս ստեղծագործական գործընթաց՝ արարումով ինքնացումի հասնելու միջոց եւ ուղի։ (Այս տողերու հեղինակը*

Tenny and Soghovme

The largest mass of Armenian speakers outside of Armenia—as well as the greatest concentration of individuals in the world who are able to use literary Western Armenian—is found in the United States. Not only that, the Armenian-American community is perhaps the oldest among the major colonies of the modern diaspora that had attained significance already before the genocide. Yet despite the above assertions, after around 120 years, this book is the first full-length volume of creative literature produced by an American-born individual that has been written and published in Armenian.

Between Arlen and Arakelian

The author, Tenny Arlen, is the daughter of Timothy Arlen and Tammy Showalter and the younger sister of Jesse Arlen, already known for his own Armenian writings. It was her grandfather who changed the family name Arakelian to Arlen. Tenny was born and raised in California far removed from Armenian circles, from Riverside to San Luis Obispo, a city on the Central Coast of California. Having absolutely no prior Armenian knowledge, it was only at age twenty that she moved to Los Angeles and began to take Western Armenian language and literature courses at UCLA, following in the footsteps of her two older brothers, although with a fundamentally individual drive. Already endowed with an exceptional poetic talent, she soon also began to write in Armenian and conceived the "return" to the language as a creative process, a means and a way to achieve self-actualization through creation. (The author of these lines had the good fortune to lead that jour-

բախտը ունեցաւ այդ ուղեւորութիւնը առաջնորդե-լու սկիզբէն ու անոր ընկերակից ըլլալու մինչեւ վերջ՝ մինչեւ Թենիի մահը. (թերեւս այդ է պատճառը որ այս հրատարակութեան լրումը, իբրեւ դէպք, կը հնա-զանդի զոյգ՝ պարտականութեան եւ բաւականու-թեան դրդումներու, առանց վստահ ըլլալու թէ ո՞ւր կ'աւարտի մէկը եւ կը սկսի միւսը։ Միւս կողմէ՝ առանձնայատուկ, եզակի, նոյնիսկ (թերեւս այլայլող, շլմորող նշանակութիւն ունի այն, երբ մարդ կը ժա-ռանգէ իր իսկ աւանդածը։)

Այստեղ հրատարակուած քերթուածներէն գրեթէ բոլորն ալ գրուած են հայերէնի ուսումնառութիւնը սկսելէն 15–20 *ամիս ետք, ինչ որ անշուշտ ենթադրած է ժամանակի նշանակալից ներդրում եւ լուրջ կեդրո-նացում լեզուի իւրացման եւ բառապաշարի նրբու-թիւններու վրայ։ Սփիւռքի տիրական գաղափարա-բանութիւնները այդ ճիգը պիտի բացատրէին «յանձ-նառութիւն» բառով, զայն հպատակեցնելով քա-ղաքական՝ այլ խորքին մէջ բարոյական մղումի, որ ճապէս կարելի է թարգմանել իբրեւ պարտականու-թիւն ու պարտաւորութիւն։ Այդպէս չէր սակայն. բա-ցառիկ այդ ճիգի գլխաւոր շարժառիթը սիրահարու-թիւնն էր լեզուին եւ գրականութեան, ինչպէս պա-տահած է ու կը պատահի գրեթէ բոլոր գրողներուն։ Լեզուին տակաւին չտիրապետած կը սկսին կազմուիլ անոր հանդէպ «սիրոյ կապանքները», որոնց ար-մատները պէտք է փնտռել Թենի Արլէնի կանուխ, այլ տքնաջան ընթերցումներուն՝ գլխաւորաբար Նարե-կացիի, Մեծարենցի, Վարուժանի, Պըլտեանի, Սարա-ֆեանի եւ Վահէ Օշականի գործերուն ներշնչած հի-ացմունքին մէջ։*

Հատորի մէջ ներառուած գրութիւնները թարգ-մանութիւններ չեն անգլերէնէ, ընդհակառակը,

ney from the beginning and to accompany it until the end—until Tenny's death. That is why, perhaps, that the culmination of this publication, as an event, incites dual feelings, of duty and gratification, without being certain where one ends and the other begins. There is also another aspect: the unique, singular, perhaps even disconcerting, bewildering significance of inheriting what you have once bequeathed.)

Nearly all of the poems published here were written about 15 to 20 months after the author began learning Armenian, which of course implies a significant investment of time and serious concentration on the acquisition of the language as well as the subtleties of vocabulary. The diaspora's leading ideologues would explain that effort by the concept of "commitment," subjecting it to a political, but deep down a moral, drive that essentially may be translated as duty or obligation. But it was not that. The chief impetus of that exceptional effort was a falling in love with the language and literature, just as it has happened and happens to nearly all writers. Not yet having mastered the language, "bonds of love" (Narekatsi's words) toward it began to form, the roots of which one should look for in Tenny Arlen's early and laborious readings—in her wonder inspired by the works chiefly of Narekatsi, Medzarents, Varuzhan, Beledian, Sarafian, and Vahe Oshagan.

The writings included in this volume are not translations from English. Quite the opposite. They were cre-

ստեղծուած են հայերէնով ու յետոյ հեղինակին կողմէ թարգմանուած անգլերէնի, ստուգելու համար ըսել ուզուածի ճշգրտութիւնը (բացառութիւն կը կազմեն վերջին երեք քերթուածները, որոնք հայերէնի թարգմանուած են սոյն տողերը ստորագրողին կողմէ՝ աւելի ուշ)։ Այդ իմաստով ալ աննշան խմբագրութենէ անցած են ատենին։ Գրուած են օրը օրին, 2012-*էն* 2013, *գլխաւորաբար համալսարանական դասընթացքներու ընթացիկ ընթերցումներու եւ վիճարկումներու ներշնչումով («Պատումը»՝ Գր. Պըլտեանի «Շեղուածք» գրութենէն ետք. «Գիշեր»ը՝ Սալվաթորէ Քուազիմոտոյի «Գիշեր» քերթուածի հայերէն թարգմանութենէն եւ Ջուլալ Գազանճեանի համանուն քերթուածէն ու Սարաֆեանի շարք մը բանաստեղծութիւններէն ետք. «Հայ լեզուի խնդիրը»՝* 1911-*ին* Ազատամարտի *մէջ Դ. Վարուժանի նոյն վերնագրով գրութեան հետքով, որպէս ժամանակակից պատասխան. «Տեղատուութիւն եւ մակընթացութիւն»ը՝ պարզ է, Նիկողոս Սարաֆեանի համանուն գիրքի ընթերցումէն ետք)։ Քերթուածներու մէջ կայ հասուն մտածողութիւն եւ գաղափարներու նրբիմաստ խաղ։ Օրինակ մըն է միայն հատորը բացող «Գիշեր» բանաստեղծութիւնը, ուր կ'ակնարկուի գրողի անհատնում ճիգին՝ ըլլալու ինքզինք ու ըլլալու ինքնիր եւ իր լեզուին տէրը, ստեղծելու խսկապէս, ինչ որ կը պատահի հասնելէ ետք ստեղծագործական «գիշեր», այսինքն թօթափելէ ետք արտաքին այն բոլոր «լոյսերն» ու տուեալները, որոնք կ'ողոտեն ու կը շփոթեն օրինակումին եւ արարումին միջեւ երերող սահմանները։*

Թենի Արլէն լեզուէն սկսելով է, որ ուղեւորութիւն մը կը կատարէ դէպի հայկական ինքնութիւն, այնպէս ինչպէս ինք պիտի հասկնար ու սահմանէր զայն։ Նախ՝ իր մերձարեւելեան եւ հիւսիսափրի-

ated in Armenian and later translated to English by the author in order to check the accuracy of what she intended to say (the final three poems are an exception: they were translated to Armenian by the writer of this afterword when preparing this book). Her writings were subject to only minor editing at the time. They were written day by day, from 2012 to 2013, mainly inspired by university course readings and discussions ("The Narration" after Krikor Beledian's "Deviation;" "Night" after the Armenian translation of Salvatore Quasimodo's homonymous poem "Night" and a homonymous poem by Zulal Kazandjian and a series of poems by Nigoghos Sarafian; "The Question of the Armenian Language" as a contemporary answer to Daniel Varuzhan's 1911 article of the same title in *Azatamart*; "Ebb and Flow" after reading Sarafian's book of the same name.) In the poems, there is mature thinking and a subtle play of ideas. An example is the poem that opens the volume, "Night," where we observe a depiction of the writer's relentless effort to become herself and, at the same time, to become the master of that self and her language, to truly create, which happens only after reaching the creative 'night,' i.e. after shedding all the external 'lights' and givens that blur and confound the shifting boundaries between imitation and creation.

It is by beginning from the language that Tenny Arlen performed her journey towards Armenian identity, in the way that she would understand and define it. First, leaving her Near Eastern and North African Stud-

կեան ուսմանց մասնագիտացումը լքելով կ'անցնի բաղդատական գրականութեան, ուրկէ Պսակաւոր Արուեստից տիտղոսով կ'աւարտէ UCLA-ի շրջանը 2013-ին։ Չի դադրիր սակայն որոնելէ իրեն համար ամենէն հարազատ վայրը։ Ֆրանսայի հարաւը եւ ամերիկեան Ինտիանա նահանգը տարբեր ձեռնարկներու մասնակցելէ ետք, 2015-ի կիսուն կ'ընդունուի դոկտորականի ծրագրին՝ Միշիկընի համալսարանի (Էնն Արպըր) բաղդատական գրականութեան բաժանմունքէն ներս, նպատակ ունենալով կեդրոնանալ ֆրանսական խորհրդապաշտ գրականութեան եւ այդ շարժման հայկական արտայայտութիւններու առընչութիւններուն վրայ։

Ատկէ անմիջապէս առաջ, Նոթըր Տամ համալսարանի աստուածաբանական դասընթացքներուն իբր ունկնդիր հետեւելէ յետոյ, երկար մտորումներէ ետք կ'որոշէ կրօնական իր պատկանելիութիւնն ալ շեղել դէպի Հայ Եկեղեցին, ուր մկրտուելով 2015-ի Յունիսին կ'ընտրէ իր հայ (եւ հայերէն) ինքնութիւնը կնքող անուն մը եւս՝ Սողոմէ։

Սողոմէ, Սալոմէ, Սուլամիթա կամ Շուլամիթ, Թենիի սիրած բանաստեղծական դարուն յայտնի դարձած էին տարբեր արուեստագէտներու գլխաւորաբար խորհրդապաշտ նկրտումներով գործերուն մէջ (յատկապէս ԺԹ. դարու երկրորդ կէս), ուր աստուածաշնչական այդ կերպարը կը վերածուէր ինքնանպատակ գեղեցկութիւն կամ աւելի ճիշդը՝ արուեստ մարմնացնող տիպարի։

1991-ին ծնած Թենիի կողմէ Սողոմէ անունի որդեգրումը յարացուցական է, յատկապէս իր կողմէ հայերէնի եւ հայութեան պատկանելիութեան որդեգրման ընդհանուր հոլովոյթի շրջարկին մէջ։ Սողոմէի աստուածաշնչական թէ տասնիններորդ դա-

ies major, she switched to Comparative Literature, in which she earned her B.A., graduating from UCLA in 2013. Yet she did not stop searching for her own unique place. After participating in different programs in the south of France and the state of Indiana, in 2015 she was accepted into the doctoral program at the University of Michigan, Ann Arbor, in the Comparative Literature department, with the goal of focusing on French Symbolist literature and its connections with the Armenian expression of that movement.

Immediately before that, after following as an auditor theological courses at the University of Notre Dame and after long consideration, she decided also to incline her religious belonging toward the Armenian Church, where, being baptized in June 2015, she chose another name for herself and so sealed her Armenian identity: Soghovme.

Soghovme, Salomé, Sulamitha, or Shulamith. During the century of poetry that Tenny loved so much, this figure had appeared in the works of many artists, chiefly through the efforts of the Symbolists in the second half of the nineteenth century, where that biblical figure was transformed into a character that embodied the concept of beauty for its own sake, in other words, a figure incarnating art.

The adoption of the name Soghovme by she who was born Tenny in 1991 is illustrative, especially in the context of the general process of her adoption of Armenian language and belonging. Neither the biblical nor 19th-century characters of Salomé have anything to do

րու տիպարները գրեթէ ոչինչ ունին ի նկատի որպէս պարտք ու պարտաւորութիւն, ընկերային սեղմում, հարկադրութիւն եւ պարտականութիւն։ Կ'ուզեն ա-ունենալ, գգլխել միայն գեղեցկութեամբ։ Հրաւէր մըն են յանձնուելու գեղեցիկի տիրութեան։ Հաճոյքի ու վայելքի խնդիր։ Այսինքն՝ ենթակայէն մեկնող ընտրութեան, որն էր Թենի Արլէնին լեզուական, ստեղծագործական եւ այլ մարզերու մէջ։

Թենի Արլէն՝ 1991–2015, *դադրեցաւ ստեղծելէ Սողովմէն որդեգրելէ ամիս մը ետք, «քաղաքէ մ'ուրիշ քաղաքի միջեւ» փոխադրութեան ճամբուն վրայ՝ երբ կ'ուղղուէր Միչիկընի համալսարան իր դոկտորականը սկսելու։*

✣ ✣ ✣

Ամերիկածին հեղինակի մը կողմէ գեղարուեստական ինքնագիր հատորի մը աննախընթաց ըլլալու երեւոյթը, որ նշուեցաւ վերը, դժուար է առանց մեկնաբանելու արձանագրել ու անցնիլ, մանաւանդ երբ դարէ մը աւելի պահանջած է անոր իրականացումը։ Հաստատումներէ, զարմանքէ կամ գնահատական ժպիտէ մը աւելի՝ ան կը պահանջէ հարցադրում։ «Ինչո՞ւ այդքան ուշ»ը կը նայի անցեալին, ու վստահաբար պէտք է պատասխանուի այլուր։ Աւելի էական կը թուի մտածելը անոր հնարաւորութեան մասին։ Այսինքն՝ բանաստեղծութիւնը կամ ընդհանրապէս գեղարուեստական գրականութիւնը կարելի՞ է սփիւռքի մէջ։

Այս հարցադրումին մէջ գործածուած եզրերուն առնչութեամբ նախ հարկ է կատարել կարգ մը լրացումներ։ Սփիւռքը չէ գլխագրուած, որովհետեւ հարցումը կ'ուզէ մտածել ընդհանրապէս սփիւռքներու, եւ ոչ՝ յատուկ անունին մասին այն կարողական երկրին, ուր կ'ապրինք շատերս։ Կ'ակնարկէ վայրի մը,

with oughts or obligation, with social pressure, imposition, or duty. They desire to attract, to entice only through beauty. They are an invitation to surrender oneself to the dominion of beauty. A question of pleasure and enjoyment, i.e., of a choice proceeding from the subject, which it was for Tenny Arlen, in the linguistic, creative, and other realms.

Tenny Arlen, 1991–2015, ceased from creating a month after adopting Soghovme, while moving—in Sarafian's words—"between one city and another," as she was heading toward the University of Michigan to begin her doctorate.

✣ ✣ ✣

It would be problematic merely to make mention—without commenting on its significance—of the unprecedented nature of a volume of Armenian literature by an American-born author, especially when it has taken more than a century for it to materialize. Beyond assertions, amazement, or an approving smile, we are compelled to question why. However, the question "Why so late?" would direct our attention toward the past, and surely one must look for the answer elsewhere. It seems more essential to think about the likelihood of such a thing happening. In other words, is poetry or creative literature more generally possible in diaspora?

It is first necessary to offer a few clarifications in connection with the terms employed in that question. Diaspora is not capitalized, because the question wants to reflect on diasporas in general, and not just the proper noun of that virtual country where many of us dwell. It refers to a place where a writer would be born, from

ուր ծնած ըլլալու է գրողը, եւ որմէ առժամաբար պէտք է զանցառել միջինարեւելեան հայկական կեթթոները, այսինքն այն համայնքները, որոնք կ՚անգիտանային իրենց շրջակայ ընկերութիւնը եւ յաջողած էին իրենք զիրենք լեզուականօրէն, մշակութայնօրէն եւ ստեղծագործական մարզի մէջ փակել ցանկապատի մը ետին։

«Սփիւռքի մէջ ստեղծել»ը գոնէ այստեղ կը սահմանափակուի անոնց, որոնք ծնած են կամ գոնէ մեծցած միջանցքային, շեմային (liminal) վայրերու մէջ, մէկ վայրին ու միւս վայրին միջեւ գտնուող շեմին վրայ, ուր մօրենական լեզուին ու շրջապատի՝ փողոցի, դպրոցի, համալսարանի, գործատեղիի ե՛ւ անշուշտ ընթերցումներու լեզուներուն միջեւ իրենց տարուբերումը հարցական չէ, այլ ամենօրեայ ու անխուսափելի փորձառութիւն։ Իսկապէս շեմային ըսփիւռքցիներ են։ Միւս կողմէ, նախադրեալներէն մէկն ալ այն է, որ այդ սփիւռքը աղէտի մը հետեւանքը եղած ըլլայ, պայթումի մը, կորուստի մը ցրօնքը (եւ ուրեմն թերեւս հարկ ըլլայ ետ բերել գլխագիր Սփիւռքը)։

Որդեգրում եւ ճայրագրում

Հայերէն գրող միջանցքային սփիւռքցիի սովորական ըմբռնումէն ընդհանրապէս դուրս մնացած են անոնք, որոնց համար հայերէնը ժամանակագրականօրէն առաջին՝ այսինքն կեանքի առաջին քանի մը տարիներու մայրենի լեզուն եղած չըլլայ—այն, որ մասնագիտական գրականութիւնը կը սիրէ կոչել «ժառանգական լեզու», եւ որ կը ներառէ լեզուի ամենատարրական մտերմութենէն սկսեալ հմտութեան բոլոր աստիճանները որոնք կարելի ըլլայ պատկերացնել։ Այս սահմանումէն դուրս մնացողներու մա-

which we must temporarily omit the middle-eastern Armenian ghettos, i.e. the communities that had ignored their surrounding societies and had succeeded in closing themselves off behind a fence—linguistically, culturally, and in the area of creative production.

"To create in diaspora" is limited, at least for present purposes, to those who are born or at least raised in liminal, in-between places, in the threshold between one place and another, where the fluctuation between their mother tongue and other languages in their surroundings—whether in the street, school, university, workplace, or, of course, in their readings—is not just hypothetical, but an everyday and inevitable experience. Such are truly liminal diasporans. On the other hand, one of the premises would also be that such a diaspora had come about as the result of a catastrophe, an explosion, a dispersion after a loss (and thus perhaps it may be necessary to bring back the capitalized Diaspora).

Child Adoption and Parent Adoption

Left generally outside the usual understanding of a liminal diasporan writer are those for whom Armenian has not been chronologically their first, mother tongue, i.e., those who don't speak what the academic literature calls a "heritage language" that spans from the most elementary familiarity to all levels of proficiency. This group is comprised of individuals who adopted Armenian as adults and who, according to their own definition, "returned" to Armenian, although objectively

սին խօսքը կը վերաբերի անձերու, որոնք որդեգրած են հայերէնը չափահաս տարիքին, երբեմն իրենց սահմանումով՝ «վերադարձած» հայերէնին, թէեւ առարկայականօրէն հայերէն սկիզբ մը չէ եղած իրենց կենսագրութեան մէջ ուր կարելի ըլլար «վերադառնալ»։

Անոնց կատարած որդեգրումը կը պատահի ընդհանրապէս համալսարանական տարիքին, քսան տարեկան հասակէն ետք, եւ բացառելով վերջերս քիչ մը տարածուած օգտապաշտ՝ ակադեմական կամ այլ միտումներով կատարուած իւրացումը լեզուին (այսպէս կոչուած «նորախօսներ»ու մէկ ենթախումբը), ատիկա կատարողները իրենց ըմբռնումով վերադարձ մըն է որ կը կատարեն իրենց ծնողներու, նախնիներու, կամ իրենց բազմազգ տոհմածառի ճիւղերէն սոսկ մէկը հանդիսացող հայկական աւանդութեան։ Այս ծիրին մէջ, որդեգրումը իրականութեան մէջ մայրագրում կամ հայրագրում մըն է։

Կայ սակայն երկրորդ մակարդակ մը, ուր հայրագրումը ըստ էութեան ապագային հեռարձակուող նպատակ մը, ստեղծագործական միտում մը կ’ենթադրէ։ Լեզուն իւրացնողը ատիկա կը կատարէ լեզուով գրելու, ստեղծելու թաքուն թէ բացայայտ նպատակով, որ արդէն եթէ ոչ որդեգրումի, այլ որդեծնութեան, մանկագործութեան գաղափարին է որ կը հակի։ Ենթական անցեալը չէ միայն որ կը հալածէ, այլ զայն իւրացնելով կ’ուզէ սնել իր ներկան եւ հետք մը ուրուագրել դէպի ապագայ։

Հայրագրումը, ուրիշ խօսքով, մայրանալու կամ հայրանալու դիտաւորութիւն մը կը քողարկէ. հայրը կ’որդեգրուի զայն հեռարձակելու, փոխանցելու, շարունակելու, եւ այդպիսով ենթակային կողմէ ինք-

speaking Armenian never had a beginning in their biography to where it would be possible to "return."

Their adoption occurs generally during university years, around age twenty, and, with the exception of those who in recent times have acquired the language for academic or other utilitarian reasons (who comprise one sub-grouping of the so-called "new speakers"), the adopters—according to their own understanding—are performing a return to the Armenian heritage of their parents, ancestors, or even just to one of the many branches of their multiethnic family trees. In this context, the adoption in question, rather than constituting a child adoption, is in reality the adoption of an ancestral father or mother.

There is yet another level, where the adoption of a parent in essence involves a projection, an aiming at the future expressed in creative intent. Such a person acquires the language with the purpose—whether hidden or explicit—of writing and creating in that language, which veers toward the concept not so much of adoption, but rather of giving birth, the production of offspring, procreation. The subject not only chases after the past, but, by integrating the past, desires to nurture her own present and delineate a path toward the future.

In other words, this progenitor adoption masks an intention to become a mother or father, of matrescence. Forefathers or parents are adopted with the aim of projecting, transmitting, continuing them, and thus the process for the subject involves both the goal of

զինք «գտնելու» եւ ինքզինք երկարաձգելու նպատակով։

Երազային, նոյնիսկ ցնորական թուի վստահաբար վերի պարագան, բացի «հրաշք մանուկներու» մասին հիացախառն արտայայտութիւններէ, որոնք սակայն հիմնականին մէջ թերահաւատութիւն կը մատնեն ստեղծագործութեան կարելիութեան նկատմամբ։ «Օտար» ծնած հայու, կամ «կէս», «քառորդ»՝ նոյնիսկ «մէկ ութերորդ հայ»ու մասին շատ կը խօսուի վերջերս (չակերտները անհրաժեշտ են խնդրականացնելու համար կոտորակային ինքնութեան գաղափարը)։ Այդպիսի անձ մը ուրեմն նախ հայերէնին բարեկամանայ, յետոյ ալ հայերէն ստեղծէ՞։

Ցնորակա՞ն։ Թերեւս այդպէս ըլլայ։ Բայց եթէ այդ կարելիութիւնը իբր ցնորք մերժուէր, տրամաբանական հետեւութիւնը պիտի ըլլար այն, որ հիմնովին ցնորական պիտի ըլլար նաեւ Սփիւռքի մը մասին մտածելը ասկէ երկու-երեք սերունդ ետք այնտեղ, ուր կը միտին յանգելու (եթէ ոչ հանգելու) գրեթէ բոլոր սփիւռքները, այսինքն Արեւմուտք։ Բոլոր ճառերը, դպրոցները, բանախօսութիւններն ու յօդուածները, պատարագներն ու մեծաշուք քարոզները, յոգնած ծէսերը՝ բոլորը ցնորական պիտի ըլլային։ Սուտ յուշարձան, որ կը թողուին անցեալի նայող երեսը չեշտող եզրն է։ Ասիկա՝ որովհետեւ առանց ստեղծագործ լեզուի պիտի չըլլայ այն, ինչ որ կայ. այսինքն պիտի ըլլայ, բայց միայն իբր յուշ, յիշատակ, ուսումնասիրելի ու պեղելի հնագիտութիւն։ Մեռեալ առարկայ։ Առաւելագոյն պարագային՝ համասփիւռքեան հաստատութեան մը կողմէ այսպէս թէ այնպէս առաջադրուած «Legacy Center» մը Երեւանի մէջ, այն ալ հաւանաբար անգլերէնով։ Գեղեցիկ թանգարան մը՝ բանասէրներու շուկայ։

Ցնորականը իրականի կարելիութեան վերածելու

"discovering" oneself and of extending, prolonging oneself.

The above situation must surely seem illusory, or perhaps even delusional, except in the case of "miracle children," an appellation which in and of itself fundamentally betrays a lack of faith in regard to the possibility of creative activity. There is a lot of talk in recent years about the "foreign" born Armenian, about "half," "quarter," or even "one-eighth" Armenians (the scare quotes are necessary in order to problematize the very idea of fragmentary identity). Could such a person then not just become familiar with Armenian, but go on to create in Armenian?

Illusory? Perhaps so. But if that possibility be rejected as mere illusion, then the logical conclusion would be that it is fundamentally illusory to consider a Diaspora two or three generations from now where nearly all diasporas tend to pass (if not pass away): the West. All the preaching, schools, lectures and articles, the liturgies and resounding sermons, the tired rituals, all of them would be illusory. Merely a memorial stone, a synonym for monument that underscores its past-looking character. This is so, because without a creative language, there will no longer be that which there now is. It will exist, but only as memory, memorial, an object of study or excavation for archaeology. A dead object. In the most extreme instance, that which in one way or another was proposed by one great pan-diasporan institution: a "Legacy Center" in Yerevan, and probably in English, at that. A beautiful museum, a playground for philologists.

The fundamental way to turn illusion into the pos-

հիմնական ձեւը, ըստ երեւոյթին, կը կայանայ հայերէնը՝ այսինքն հայերէնով մատուցուող լեզուական արտադրութիւնը ընտրելի ընծայելուն մէջ։ Ընթերցողը լուրջի առնող մտածում, վերլուծութիւն, ստեղծագործութիւն, քերթողութիւն։ Լուրջի առնել կը նշանակէ լրջօրէն հրապուրել, ընտրելի առարկայի ներյատուկ արժէքին վրայ կեդրոնանալ, ատիկա ըստեղծել այսօր։ *Ընթերցողէն առաջ սակայն, ստեղծողը ինքզինք է որ լուրջի կ'առնէ՝ իր տքնանքով, հայրագրումի եւ որդեգրումի աշխատանքով, դուրսէն բերած հարստութեան ընդմէջէ'ն եւս նորաճանաչ «Ներս»ի արժեւորումով, բայց գլխաւորաբար այդ բոլորին մօտենալու ատեն ցուցաբերուած երկիւղով, որ ոչ թէ վախ կը մատնէ, այլ սիրահարութիւն ու աւելի ուշ՝ խաղաղ սէր։*

Այդպէս է որ գրած են ու ստեղծած անոնք, որոնք ներշնչեցին Թենի Արլէնը իր բանաստեղծական կոչումը չեղելու դէպի հայերէն։ Նոյն այդ ներշնչումն է, որ տասնեակներով համալսարանական ուսանողներ մղած է անոր գրութիւնները կարդալէ ետք իրենց կարգին ստեղծագործական փորձեր կատարելու, որպէսզի լեզուն ծիսականէն դուրս գալով՝ ժամանակակից աշխարհի մէջ ի'նք եւս քիչ թէ շատ իրական կեանքով մը ապրելու մեղաւոր փառասիրութիւնը սնուցանէ։

Յակոբ Կիւլլիւճեան

sibility of reality, it seems, consists in rendering Armenian, i.e., linguistic production presented in Armenian, as a choice. The idea of taking the reader seriously: analysis, creativity, poetry. Taking seriously means captivating seriously, focusing on the inherent value of an object worthy of choosing, of *creating* that *today*. Yet prior to the reader, it is the creator who must take herself seriously, in her sleepless labor, in her effort to adopt progenitor and offspring, by the appreciation of a newly recognized "inside" likewise through the richness carried from outside, and especially in the reverence displayed when approaching them all—a reverence which suggests not fear, but love.

It is in just such a way that those who inspired Tenny Arlen to turn her poetic vocation towards Armenian wrote and created. And it is that same inspiration which has compelled dozens of university students in their turn to perform their own creative attempts after reading Tenny's writings, so that the language itself, by coming out of the ritualistic, may nourish an unapologetic ambition to live a more or less real life in the contemporary world.

Hagop Gulludjian

ՅԵՏԳՐՈՒԹԻՒՆ
ԵՐԿԼԵԶՈՒ ՏՊԱԳՐՈՒԹԵԱՆ

✣

Afterword to
the Bilingual Edition

Ահա օբխպոսեան փխլոմելը՝

Թենի Արլէն եւ իր ներդրումը ժամանակակից հայ բանաստեղծութեան

Հարկ է լսել բանաստեղծներուն:
(*Պաշլար*, Տարածութեան քերթողականը)

Սփիւռքահայ գրական աւանդոյթին հաղորդ դարձող ժամանակակից սակաւաթիւ գրողներու միջեւ անուն մը կայ, որ դժբախտաբար կը ստիպուի յետմահու արժեւորուիլ։ Թենի Արլէն, մեծցած Սան Լուիս Օպիսփօ՝ Քալիֆորնիոյ կեդրոնական ափի գեղատեսիլ բլուրներուն մէջ, ինքզինք շրջապատեց Պոտլէռի, Ռիլքէի եւ Ուայլտի պէս գրողներով իր պատանեկան տարիքէն։ Համալսարանական ուսման համար Լոս Անճելըս տեղափոխուելէ ետք, Արլէն որոշեց տիրապետել հայոց լեզուին, եւ իր ուսուցիչ-մենտոր Յակոբ Կիւլլիւճեանի խրախուսանքով, միատեղել լեզուի նորայայտ հետաքրքրութիւնը իր վաղեմի սիրոյն՝ բանաստեղծութեան հետ։ Յաւօք, անոր այս ողջ կեանքի նախագիծը ընդհատուեցաւ իր տարաժամ մահով, ճիշդ այն պահուն, երբ ան պիտի սկսէր կեանքի նոր փուլ մը իբրեւ Միչիկընի համալսարանի համեմատական գրականութեան բաժնի դոկտորական աշակերտ։

Անոր թողած ժառանգութենէն Կիրքով ըսելու՝ ինչո՞ւ հոս եմ *խորագրուած քերթողագիրքը հրատարակուեցաւ* 2021*ին։ Յետմահու սոյն հրատարակութիւնը կը պատկանի առաջին ամերիկածին հայալեզու բանաստեղծին, որու գործը արժանացած է գրական եւ ոչ-գրական համայնքներու լայն դրուատիքին, հանդիսանալով նշանակալից պահ մը հայ գրականութեան համար։ Բնագիր մը, առաւել եւս՝ բանաստեղծական բնագիր մը մեկնաբանելու եւ շրջարկելու դժուարութենէն անկախ, Արլէնի ստեղծագործու-*

Ecce philomela obispoensis
Tenny Arlen and her contribution to contemporary Armenian poetry

> *We must listen to poets!*
> (Bachelard, *The Poetics of Space*)

From the few contemporary voices in Western Armenian literature arising from the Diaspora, one name in particular has had to bear the unfortunate burden of receiving acclaim posthumously. Tenny Arlen, raised in San Luis Obispo, a region nestled in the picturesque hills of the Central Coast of California, was drawn to the likes of Baudelaire, Rilke and Wilde throughout her adolescence. After her subsequent move to Los Angeles for her undergraduate studies, Arlen decided to assiduously master the Armenian language, and upon the encouragement of her teacher-mentor Hagop Gulludjian, to meld a newly discovered appreciation of the language with her long-held love for poetry. Sadly, this lifelong project of hers was cut short by her untimely death just as she was to begin a new chapter in her life as a doctoral student in comparative literature at the University of Michigan.

In honor of her work and legacy as a poet, a posthumous poetry collection entitled *To Say with Passion: Why Am I Here?* was published in 2021. Marking the first American-born Armenian-language poet to receive widespread acclaim from the literary and non-literary communities alike, this publication proved to be a watershed moment for the Armenian literary tradition. No

թիւններու պարագային այդ գործը կ՚իյնայ գրականագէտներու ուսերուն վրայ, որոնց պարտքն է վերլուծել անոր ստեղծագործական միտքը. միտք մը, որ բացայայտօրէն կը դրսեւորէ «ազդեցութեան անձկութիւն» (anxiety of influence) *կոչուածին ախտանիշները, ինչպէս կ՚եզրաբանէ Հէրըլտ Պլում, բացատրելով բանաստեղծի պայքարը իւրայատուկ բանաստեղծական տարածքի մը ստեղծման մէջ, հոն ուր այլ տարածք չի կրնար գոյանալ, քանզի ամէն ինչ արդէն ըսուած է։*[1]

Ճշմարիտ բանաստեղծը՝ Երազող, Արարիչ, Տէր

Ի պատասխան «Ինչո՞ւ հոս եմ» (էջ 22) *խոհական հարցին, Արլէն յամառօրէն կը հուչակէ՝ «ստեղծելու համար», յատկապէս հայերէնով. Ճշմարիտ բանաստեղծը ուրիշ ի՞նչ նպատակի համար գոյութիւն ունի, եթէ ոչ «ստեղծագործութեան համար»* (էջ 128)։ *Այստեղ ստեղծելու արարքը կրկնակի է. ստեղծել բանաստեղծական լեզու մը, եւ ստեղծել այն աշխարհը, ուր այս լեզուն կը գոյանայ։ Այսպէս կը գրէ Արլէն.*

> *Երբ խօսեցաւ, բառերով չխօսեցաւ,*
> *իր բառերը աստղերու պէս ձեռքերուս մէջ*
> *ինկան։*
> *Երկինքներ ստեղծեցի այս աստղերով։*
> *Ես եմ արարիչը, ես եմ տէրը։* (էջ 2)

Միասնաբար առնուած՝ «արարիչ» եւ «տէր»ի տիտղոսները կ՚ակնարկեն Բանաստեղծին գրեթէ աստուածային ուժերուն (էջ 128)։ *Սակայն ստեղծագործութիւնը ամենեւին կատարեալ չէ, ինչպէս Արլէն կը խոստովանի.*

> *Ինչ որ ստեղծեմ, այն եմ ես։ Սակայն բառերով չեմ կրնար ստեղծել։ Ինչպէ՞ս ստեղծեմ կտորածը։* (էջ 28)

matter how formidable a task it is to interpret and contextualize a text—let alone, poetry—it falls on the shoulders of literary scholarship to do just that with Arlen's work, and thus unpack her creative mind, a mind that patently exhibits symptoms of the anxiety of influence, a term used by Harold Bloom to explain the poet's struggle to create a space for herself where no space exists, because all has already been said.[1]

The True Poet: The Dreamer, The Creator, The Master

In response to the reflective question "why am I here?" (p. 23), Arlen forcefully proclaims "to create", especially using the Armenian language; for what does the true poet exist if not "for the sake of creation" (p. 129). Here, the creation is two-fold: to create poetry using language, and to create the world this poetry exists in. So writes Arlen:

> Like stars her words fell into my hands.
> I created heavens with these stars.
> I am the creator, I am the master. (p. 3)

Taken together, the roles of *creator* (ararich') and *master* (tēr) allude to the near-divine powers of the poet (p. 129). However, creation is anything but perfect, as Arlen confesses:

> I am whatever I create. But I can't create in words. How do I create the broken?" (p. 29)

Given the limitations of words—the only units at the disposal of the poet—perhaps the collection of

Հաշուի առնելով բառերու՝ բանաստեղծի տրամադրութեան տակ գտնուող միակ միաւորներնեբուն սահմանափակութիւնը, գուցէ բառերու պաշարը այս ընթածիրի միայն ենթա-արտադրանքն է, իսկ բանաստեղծական գիտակցութեան զարգացումը՝ կեանքի մակընթացութիւններու եւ տեղատուութիւններու ընդմէջէն՝ բանաստեղծութեան իսկական արտադրանքը։ Ճշմարիտ բանաստեղծը ուրեմն կը մարմնաւորէ «հաւասարութիւն՝ հոգիի եւ խօսքի շնորհներու», ըստ Ցվետաեւայի, գերադասելով առաւելապէս հոգին։[2] Թէ՛ հոգիի խորաթափանցութիւն, եւ թէ՛ լեզուի ճարտարութիւն կը բնութագրեն Արլէնի բանաստեղծութիւնը, որ դրսեւորումն է իրեն յատուկ բանաստեղծական անզուգական գիտակցութեան մը։ Նմանապէս, (ենթա-)արտադրանքն է լեզուի ուսուցման փորձառութեան. փորձառութիւն մը, որ կը վկայէ «ստեղծարար գրաճանաչութիւն» (creative literacy) կոչուած մեթոտի ուժին մասին, որքան ալ բացառիկ ըլլայ ուսանողը այս պարագային։ Այս եզրոյթը, զոր Կիւլլիւճեան կը գործածէ, կը վերաբերի գրական ուսուցումի գործածութեան՝ լեզուական արտադրութիւնը դնելու համար «ստեղծագործական, նորարարական եւ փոխակերպող» ուղիի մը վրայ։[3]

Ինչպէս արարիչի դերը, տիրոջ դերն ալ պէտք չէ անտեսել։ Վերագրելով «Տէր» եւ «տիրակալ» իմաստները «տէր» բառին, բանաստեղծը իր տիրապետութիւնը կը հաստատէ իր յղացած աշխարհին վրայ։ Արարիչի եւ տիրոջ հետ մէկտեղ, երազողի բանաստեղծական կերպարը կը դառնայ բազմաթիւ բանաստեղծութիւններու մէջ կրկնուող թեմա, ներառեալ յիշեալ հատուածները։ Փիլիսոփայ Կասթոն Պաշլար, հեղինակը՝ Տարածութեան քերթողականը (*La Poétique de l'Espace*) երկին, կը մտորէ հետեւեալը. «Բանաստեղծութիւնը բնականաբար կու գայ ցերեկային

words is just a *by-product* of the creative process, and the development of a *poetic consciousness* is, through the ebbs and flows of life, the real product of poetry. Thus, the true poet personifies an "equality in gift of soul and gift of language," in the words of Tsvetaeva, who then goes on to privilege soul over language.[2] Both a profound soul and linguistic dexterity characterize Arlen as a poet. Her extant work is a manifestation of a poetic consciousness unique to her. Likewise, it is a (by-)product of the language-learning experience, an experience that attests to the strength of the *creative literacy* method, however exceptional the student may be in this case. Creative literacy, as used by Gulludjian, refers to the use of literacy instruction to set language production on a "creative, innovative, and transformative" path.[3]

Like the role of the creator, the role of the *master* should not be ignored. Through the single use of the word *master* in Armenian, Arlen connotes the senses of *Lord* and *dominator*, and establishes her dominion over the world she has conjured up. Alongside creator and master, the poetic image of the *dreamer* becomes a recurring theme in many of the poems, including the poem cited above. Gaston Bachelard, the philosopher behind the much-cited *The Poetics of Space*, muses: "Poetry comes naturally from a daydream, which is less insistent than a night-dream."[4]

Using a phenomenological approach to explicate the intricacies of poetics, intimate spaces, and human consciousness, Bachelard probes the core experience that underlies one's thoughts, daydreams, and memo-

երազանքէն (daydreaming), *որ նուազ պահանջկոտ է, քան գիշերային երազը* (night-dreaming)»։[4]

Կիրարկելով երեւութապաշտական մերձեցում մը բացատրելու համար քերթողականը, մտերիմ տարածքներու եւ մարդկային գիտակցութեան բարդութիւնները, Պաշլառ կը զննէ այն կեդրոնական փորձառութիւնը, որ հիմքը կը դառնայ մարդուն մտածումներուն, անուրջներուն եւ յիշատակներուն։ Աւելին՝ ան կը հաստատէ տունը որպէս ապահովագոյն եւ ամենամտերիմ վայրը, ուր ցերեկային երազանքներու հոգը կը մշակուի, եւ ուր երազանքները կը մղեն դէպի բանաստեղծական պատկերներու ստեղծումը։ Օրինակ գործածելով խորհրդապահ նկուղներու եւ հովախուով ձեղնայարկներու տարածութիւնները, Պաշլառ կ'ամրացնէ իր գաղափարը, թէ մեր իւրաքանչիւրին մէջ ապրող երազողը՝ արարիչը՝ տէրը՝ բանաստեղծը, հանգստութիւն եւ ստեղծարարութիւն կրնայ ձեռք բերել կեանք տալով այն բանաստեղծական պատկերներուն, որ կը գտնուին մեր սեփական առտնին տարածքներու չորս պատերուն մէջ։ Պաշլառ նաեւ կ'անդրադառնայ առտնին տարածքի բնոյթին, ընթերցողին ուշադրութեան յանձնելով հիւղին եւ ապարանքին միջեւ ընթացող տրամախօսութիւնը՝ Ժորժ Սանտի հետեւողութեամբ։ Արդարեւ, Սանտի եւ Պաշլառի համաձայն՝ մարդիկ կարելի է դասել ընդմէջ անոնց որ կ'ըղձան բնակիլ հիւղակի մը մէջ, եւ անոնց որ կը ձգտին բնակութիւն հաստատել ապարանքի մը մէջ։

Հիւղը (chaumière) *կը խորհրդանշէ հանգիստի ու պարզութեան մեր իղձը, մինչդեռ ապարանքը* (palais)՝ *մեր ծաւալման, շքեղութեան կարիքը։ Երազանքները կը սահմանափակուին հիւղի տարածքին, ուր մեկուսի հանգիստն ու պարզութիւնը կը գնահատուին ամէն բանէ աւելի։ Ակնյայտ է, որ Արլէն կը պեղէ այս*

ries. Moreso, he goes on to establish the home as the most secure and intimate place of all, where the fluidity of daydreaming is fostered, and where reveries drive the creation of poetic images. Drawing upon the existence of spaces like mysterious cellars and windswept garrets, Bachelard builds the idea that the dreamer, the creator, the master, the poet within each of us is able to achieve utmost peace and creativity by giving life to poetic images within the walls of our private domestic spaces. At one point, Bachelard also reflects on the nature of the domestic space by referring the reader to the dialectics of cottage and palace, following George Sand. For Sand and Bachelard alike, people could be classified according to whether they aspire to live in a *cottage* or in a *palace*.

The cottage bespeaks desire for both retreat and simplicity, while the palace, a need for expansion, for magnificence. Daydreaming is confined to the space of the cottage, where retreat and simplicity are valued above everything else. It is clear that Arlen explores these spaces, by pausing in them in silence, paying keen attention,[5] and becoming free to dream in them. Arlen's cottage is the small room, her bedroom. In two instances, she writes:

> My life is this small room
> With books and meals and silences.
> *Outside all is glass,*
> I was told every day.
> But suddenly the window opens,
> And the world is there for me. (p. 25)

տարածքները՝ լռելեայն կանգ առնելով անոնց մէջ, յատուկ ուշադրութիւն դարձնելով անոնց[5] *եւ երազելու ազատութիւնը ունենալով անոնց մէջ։ Արլէնի համար հիւղը փոքրիկ սենեակն է՝ ննջասենեակը։ Երկու տեղ կը գրէ.*

> *Կեանքս այս պզտիկ սենեակն է,*
> *գիրքերով ու ճաշերով ու լռութիւններով։*
> Դուրսը ամբողջ ապակի է
> *կ'ըսէին ինծի ամեն օր։*
> *Բայց յանկարծ պատուհանը կը բացուի,*
> *ու աշխարհը հոն է ինծի համար։* (էջ 24)

> *Այս պզտիկ սենեակին մէջ եմ,*
> *առանց բառերու,*
> *առանց մտմտուքի։* (էջ 58)

Անմիջական, արտաքին աշխարհին մէջ ծաւալման *կարօտին փոխարէն, Արլէն կը գերադասէ մարմնի* անդրանցումը (transcendence) *հոգիի միջոցաւ, այսինքն՝ գոյութիւն եւ փորձընկալում բնականոնէն կամ ֆիզիքականէն անդին։ Հոգի ու աշխարհ միապաղաղ կը դառնան, քանի որ «ամէն տեղ է հոգին»* (էջ 132), *հոգին կը նշանակէ դարպաս մը դէպի աւելի բարձր, անդրանցական աշխարհ՝ «Ազիւր»ը* (L'Azur), *Մալարմէն յիշատակելով։*[6] *«Երազանքը», կը հաստատէ Պաշլառ, «կը տեղափոխէ երազողը անմիջական աշխարհէն դուրս՝ դէպի անսահմանութեան դրոշմը կրող աշխարհ մը»։*[7] *Միւս կողմէ, բանաստեղծութիւնը* անդի *անտեսանելին կը վերածէ* աստի *տեսանելիին։ Փաստօրէն պէտք է նշել, որ բանաստեղծը երազանքներ կը յղանայ գիշերուան մասին, եւ որ այս երազային գիտակցութիւնը կ'ապահովէ միստիկ ըմբռնումը, անհրաժեշտ՝ Արլէնի նման բանաստեղծին։ Բանաստեղծը կը կատարէ «ստեղծագործական գիտակցութեան» արարքներ, որոնք կապուած են բանաստեղծական պատկեր-*

> I am in this small room,
> Without words,
> Without musing. (p. 59)

In Arlen's work, longing for *expansion* in the immediate external world is replaced by *transcendence* of the body via the soul; that is, existence and experience beyond the normal or physical. The soul and world are one, as "the soul is everywhere" (p. 133); the soul signifies a gateway to a higher, transcendental world, the *azur*, to cite Mallarmé.[6] "Daydreaming," states Bachelard, "transports the dreamer outside the immediate world to a world that bears the mark of infinity."[7] Poetry, on the other hand, turns the invisible of the *there* into the visible of the *here*. In fact, one must specify that the poet daydreams about the night and that this oneiric consciousness provides the mystic nourishment that a poet like Arlen requires. The poet performs acts of "creative consciousness" associated with the poetic image—a fleeting product of that consciousness.[8]

Said another way, poetry, through the use of language, transforms and redeems the objects of a fleeting physical realm into solid entities within the world. In the ninth of the *Duino Elegies*,[17] Rilke intones: "Perhaps we are here in order to say: house, / bridge, fountain, gate, pitcher, fruit-tree, window— / at most: column, tower... But to say them, you must understand, / oh to say them more intensely than the Things themselves / ever dreamed of existing."[9] In other words, the linguistic act of poeticization is at once transformative and redemptive. The true poet—dreamer, creator, master—

ներու՝ այդ անցողիկ արտադրանքը գիտակցութեան։[8]

Այլ կերպով՝ լեզուի միջոցով, բանաստեղծութիւնը անցողիկ, ֆիզիկական ոլորտի առարկաները կը փրկէ եւ կը վերածէ հաստատուն էակներու։ Տուինոյի եղերերգներու իններորդ մասին մէջ, Ռիլքէ կը գրէ. «Գուցէ մենք այստեղ ենք, որպէսզի ըսենք. տուն, / կամուրջ, աղբիւր, դարպաս, սափոր, պտղատու ծառ, պատուհան— / առաւելագոյնը՝ սիւն, աշտարակ... Բայց անոնք ըսելու համար դուք պէտք է հասկնաք, / օ՜, անոնք աւելի բուռն ըսել, քան Իրերն իրենք / երբեւէ երազած ըլլան գոյութիւն ունենալ»։[9] Այլ կերպով, բանաստեղծականացումի լեզուական գործողութիւնը միաժամանակ թէ՛ վերափոխող (transformative) է, թէ՛ փրկագործ (redemptive)։ Ճշմարիտ բանաստեղծը՝ երազող, արարող, տէր, հեռու բնական աշխարհէն եւ ձեռնհաս նոր գիտակցութեան մը («երրորդ» աչքի տարբերակման), պատասխանատու է աշխարհը արուեստի միջոցաւ վերափոխելու եւ փրկագործելու՝ իրերը անուանակոչելով եւ այդպիսով անոնց գոյութիւն տալով։

Յաղագս բանաստեղծութեան՝ գեղագիտական նշանաբան

Հաւաքածոյին կորիզը կը բաղկանայ ստեղծագործութեան յատուկ գեղագիտական սկզբունքներու մեկնաբանութիւններէ։ Գեղեցկութիւնը՝ դասական գեղագիտական եղանակ մը, Արլէնի կողմէ կը քննարկուի վիպապաշտներու սկզբունքներուն համահունչ. որպէս Ձեւ մը, որպէս փղոսկրէ «աշտարակ», ան կը վըկայակոչէ զգացական հզօր վերաբերմունքը, որ երեւան կու գայ, օրինակ, բնական տեսարաններու պատկերներով՝ «ծիրան մայրամուտ, / դողդոջուն տերեւ, / շափրակներու շիկնանք, / մրրիկներու մէջ յղի սարսափ, / լուսնի արծաթ լիճ» (էջ 113)։ Բանաստեղծը կ՚որոշէ եւս Քանթի հետքերով ընթանալ. այսինքն՝ գեղեցկութիւնը ենթա-

by being removed from the natural world and acquiring a new consciousness (a "third" eye of differentiation), is responsible for transforming and redeeming the world through art, by naming things and thereby giving them existence.

An Aesthetic Motto of Poetry

Central to the collection is a treatment of the importance of aesthetic principles in the poet's creative process. In one instance, Beauty, a classic aesthetic mode, is discussed in consonance with the view of the Romantics. Treated solely as a Form, as an ivory "tower," per Arlen, it evokes strong emotional responses such as those arising from the sight of natural landscapes—"apricot sunset, / trembling leaf, / a blush from petals, / pregnant terror in storms, / silver lake of moon" (p. 112). The poet briefly follows in the footsteps of Kant and claims that beauty is *subjective* and experienced within each person's mind.[10] Too often however, *prettiness* is taken as the sole criterion of beauty. In response, Arlen adduces Baudelaire's *charogne*—the foul carcass left to decompose on the ground—as an object of beauty, the beauty of humanity, and thus challenges the Romantic notion in favor of Baudelaire. He and Arlen alike remind readers to look beyond pretty things—those that are pleasing to the eye—and appreciate Beauty in all forms, including unpretty Beauty: the carcass, or Arlen's chosen example, the ghastly image of bacteria:

կայական է եւ կը փորձընկալուի իւրաքանչիւր մարդու մտքին մէջ։[10] Ցաճախ, սակայն, աղուորութիւնը կը համարուի գեղեցկութեան միակ չափանիշը։ Ի պատասխան՝ Արլէն կը բերէ Պոտլէրի charogneը՝ գետնին վրայ նեխելու թողուած այն նողկալի լէշը որպէս գեղեցկութեան առարկայ՝ մարդկութեան գեղեցկութեան, եւ այսպիսով կ'առարկէ վիպապաշտ պատկերացումներուն՝ յօգուտ Պոտլէրի։ Պոտլէռ եւ Արլէն կը յիշեցնեն ընթերցողներուն, որ պէտք է նայիլ ակնահաճոյ իրերէն անդին եւ գնահատել Գեղեցկութիւնը իր բոլոր ձեւերով, նոյնիսկ՝ անդեղ գեղեցկութիւնը, կա՛մ դիակի պատկերով կա՛մ Արլէնի ընտրած օրինակով՝ ահռելի մանրէն.

Դուն ես այն
որ ես կ'ըսեմ
որ ես
—մանրէներ անկենդան գալարուող
մանրադիտակի աչքին տակ—
վերցուող՝ բիծ առ բիծ։ (էջ 111)

Նոյն խորագիրը կրող այլ երկի մը մէջ կը դրուի երկրորդ հարցում մը. արդեօք գեղեցկութեան նպատակը մարմնակա՞ն, թէ՞ հոգեկան հաճոյքներու գոհացումն է (էջ 130). բանաստեղծութիւնը կայք կը հաստատէ վերջինին վրայ։ Ինչպէս նշուեցաւ, հոգին կը չփուի այլ աշխարհի մը հետ, ուստի բանաստեղծը պէտք է դիեցնէ իր հոգին գեղեցիկի օրինակներով, որպէսզի կարենայ օգտագործել այս ներուժը ստեղծագործութեան ժամանակ։

Արլէնի համար ստեղծագործութեան յօրինումը ընդհանրապէս կը կայանայ գեղագիտական որոշակի սկզբունքներու համաձայն, որոնք կը բանաձեւուին Թէօֆիլ Կօթիէի՝ Արուեստ արուեստի համար (էջ 109) ասոյթին շուրջ։ Այս ասացուածքը խթանած է շարք մը գեղագէտներ՝ ներառեալ Օսքար Ուայլտ, որ համո-

> You are
> what i say
> you are—
> bacteria, squirming lifeless
> beneath microscope's eye—
> picked at, spot after spot. (p. 110)

In another work with the same title, a second question is pondered: whether beauty's purpose is to satisfy pleasures of the body or of the soul (p. 131). The poem settles on the latter. As noted, the *soul* communicates with another world, so the poet must nourish her soul with instances of the beautiful so that it can harness this energy into new acts of creation.

All considered, creation, for Arlen, takes place according to a certain *aesthetic* principle, one that is articulated along the lines of Théophile Gautier's maxim: *art for art's sake* (p. 108). This maxim fueled a number of aesthetes, including Oscar Wilde, who believed that art should not be judged on its relationship to social, political, or moral values, but purely for its formal and aesthetic qualities, such as beauty in all its variety. In the months leading up to World War I, the same concept was imported into Armenian literary circles through a group of writers centered around the review *Mehyan* ("Temple") who preoccupied themselves with laying out the necessary conditions for any artist-initiate to "create" art. *Mehyan*-associated poet Taniel Varuzhan, conceptualized art as a process of construction:[11] "Art casts the gods in a marble made of light."[12] One of Arlen's poems invokes two of these gods from the Ar-

զուած էր, որ արուեստի ձեւական եւ գեղագիտական առանձնայատկութիւնները, ինչպէս գեղեկցութեան բազմազանութիւնը, պէտք է անկախ պաուէր ընկերային, քաղաքական կամ բարոյական արժէքներու դատումներէ։ Առաջին Համաշխարհային պատերազմին նախորդող ամիսներուն՝ նոյն գաղափարով առաջ եկաւ Մեհեան ամսագրի շուրջ կեդրոնացած գրագէտներու հոյլ մը, որ զբաղած էր սահմանելով արուեստի ստեղծման անհրաժեշտ պայմանները նորընծայ արուեստագէտներու համար։ Մեհեանի անդամ բանաստեղծ Դանիէլ Վարուժան արուեստը յղացարկեց որպէս կերտում.[11] «Արուեստը աստուածները կը ձուլէ լուսաշէն մարմարով»։[12] Արլէնի բանաստեղծութիւններէն մէկը կը յիշատակէ հայ դիցարանի երկու աստուածներ՝ արեւի եւ կրակի աստուած Վահագնը եւ անոր զոյգը՝ Աստղիկը, պտղաբերութեան եւ սիրոյ աստուածուհին։ Այն ժամանակ, երբ ստեղծագործութիւնը կրնայ տառապիլ ցաւէն, անոնց ներկայութիւնը ստեղծողին կը յիշեցնէ վերջնական նպատակը՝ ստեղծել «գեղեցկութիւնն ու արուեստը» ընդգծող ստեղծագործութիւններ (էջ 90)։ Այս պարագան ողջոյն մը կը յղէ «Մեհեան»ի ջանքերուն եւ կը վերահաստատէ անոնց կարեւորութիւնը մեր ապրած դարուն համար։

Սիրեա՛ զմենութիւնդ քո

Ռիլքէի Նամակներ երիտասարդ բանաստեղծին (Rilke, *Briefe an einen jungen Dichter*) երկին մէջ որոշ իմացութիւն կայ, որ Թենի Արլէնի բանաստեղծութիւններուն խորը կը մնայ։ Սիրող մարդուն համար, մենութիւնը (solitude) երբեմն միայնութեան (aloneness) աւելի ուժեղ եւ խոր մէկ տեսակն է։ Մենութեան հասնիլ կը նշանակէ ինքնադիտարկման ճամբորդութիւն կատարել դէպի անծայրածիր ներքին տարածութիւն մը։ Ասացուածքի ձեւով՝ «Սիրեա՛ զմենու-

menian mythological tradition—specifically, the god of sun and fire, Vahagn and his consort Astghik, the goddess of fertility and love. At a time when creation may travail in pain, their manifestation reminds the creator of the ultimate goal: to create works that highlight "beauty and art." (p. 91) This instance clearly salutes the efforts of *Mehyan* and recasts the maxim for the century we live in.

Love Thy Solitude

Within Rilke's *Letters to a Young Poet* are certain key insights that lie at the heart of Arlen's poetry. For the person who loves, *solitude* is a heightened and deepened kind of aloneness. To attain solitude means to take an introspective journey towards a vast inner space. Aphoristically said by Rilke: *Love thy solitude*.[13] He then proceeds to add: "to be solitary as you were when you were a child."[14] The child, which in this case is the poet, becomes attached to her mother (the *mayr*), the progenitor of the poet, who appears throughout the collection, and is one of the few persons ever mentioned. Juxtaposing one photograph of Arlen's mother caught in the midst of baking with another photograph in which the image of sun-kissed fields meet wafts of nutmeg in the air, the poet expresses a fondness for past memories from childhood; the simple object of the photograph is used to locate these past memories (p. 39). Otherwise, the capacity of memory is far from perfect, as referenced in the poem "Say" (p. 51), in which the mother forgets to wake the poet. This is followed by a day that becomes, for the most part, a blur, save a few dark ideas and colors.

թիւնդ քո»։[13] Այնուհետեւ, Ռիլքէ կ՚աւելցնէ, «մենաւոր ըլլալ, ինչպէս երեխայ էիր»։[14] Երեխան, որ այս պարագային բանաստեղծն է, կը կապուի իր մօրը՝ բանաստեղծի նախնիին, որ կը տեսնուի հաւաքածոյին մէջ, եւ այն քիչերէն է, որ յիշուած սակաւաթիւ անձերէն է։ Հակադրելով Արլէնի մօր լուսանկարներէն մէկը, որ նկարուած է թխելու ժամանակ, եւ մէկ այլ լուսանկար, ուր արեւահամբոյր դաշտերու պատկերը օդին մէջ կը հանդիպի թխուող մշկընկոյզի բոյրին, բանաստեղծը կ՚արտայայտէ մանկութեան յուշերու հանդէպ իր խանդաղատանքը։ Լուսանկարի պարզ առարկան կ՚օգտագործուի անցեալի յիշատակները գտնելու համար (էջ 38)։ Այլապէս, յիշողութեան կարողութիւնը հեռու է կատարեալ ըլլալէ, ինչպէս նշուած է «Ըսել» բանաստեղծութեան մէջ, ուր մայրը կը մոռնայ արթնցնել բանաստեղծը (էջ 50)։ Ասոր կը յաջորդէ օր մը, որ մեծ մասամբ մշուշոտ կը դառնայ, քանի մը մռայլ գաղափարներու եւ գոյներու յուշերու բացառութեամբ։

Բացի լուսանկարներէ, յիշողութեան հետքեր կը գոյանան տարածքներէն ներս եւս։ Պահ մը մայրը կը ծանօթացնէ բանաստեղծը իր նոր տան՝ սրբազան տարածք՝ ստեղծագործութեան վայր, երբ արդէն ան ընտելացած էր իր հին տան եւ անոր գաղտնիքներուն, որոնց յայտնաբերման ժամանակ տրամադրած է (էջ 64)։ Վերջապէս, ընթերցողները մօրը կը հանդիպին հիւանդանոցի մահճակալին վրայ պառկած՝ պաղ, անկենդան պատերու միջեւ, ճռնչող դռներով ու պատուհանի յեցուկներով (էջ 54)։

Բանաստեղծը մօր ներկայութիւնը կ՚առնչէ մայրական արքետիպին հետ՝ անձնական փորձառութեան հիման վրայ. արքետիպը կը տարուբերի ընդմէջ սնուցիչ (nurturer) եւ մեծն մայր (great mother) տիպի կերպարներուն, Քարլ Եունկի եզրաբանութեամբ։ Մըշտապէս անբաժանելի ներկայութիւն մը ըլլալով

In addition to photographs, spaces also contain traces of memories. At one point, the mother introduces the poet to a new house—a sacred space that serves as the poet's place of creation—which becomes a challenge for the poet due to the old house shrouded in secrets— secrets that the speaker spends time in exploring (p. 65). Finally, readers will find the mother lying in a hospital bed between cold, lifeless walls, with creaking doors and windowsills (p. 55).

Throughout the collection, the poet engages with the maternal archetype, drawing upon personal experience with her own mother and cultivating an image of the mother that vacillates, using two Jungian terms, between the *nurturer* type and the *great mother*. Always an inseparable presence for any child, the nurturer refers to the concrete manifestation of a mother, with all her maternal and protective instincts. The nurturer archetype embodies the gentle strength of the feminine spirit—nurturing, protective, and endlessly forgiving, and becomes the wellspring of love, compassion, and quiet patience, her presence felt not only in the arms of a biological mother, but in any soul who offers warmth and care; as a mother is, at her most basic, a giver of life.[15] As an idealized presence, the great mother archetype signifies the life-giving mother of the world, the creator of night and the stars, as addressed in the previously cited poem "Night". In short, the mother acts as the source of comfort for the child in solitude, the same solitude that is needed for the creation of poetry and the world this poetry occupies.

ուեւէ երեխայի համար, սնուցիչը մօր թանձրացեալ յայտնակերպումն է, իր բոլոր մայրական եւ պաշտպանական բնազդներով լի։ Սնուցիչի արքետիպը կը մարմնաւորէ կանացի ոգիի նուրբ ուժը՝ խնամող, պաշտպանող եւ անվերջ ներողամիտ, եւ զայն կը դարձնէ սիրոյ, կարեկցանքի եւ լուռ համբերութեան աղբիւր, անոր ներկայութիւնը կը զգացուի ո՛չ միայն կենսաբանական մօր գիրկին մէջ, այլեւ ջերմութիւն եւ հոգատարութիւն ընծայող որեւէ հոգիի մէջ, քանի որ մայրը, իր ամենահիմնական դերով, կենսատու է։[15] Որպէս խտէալականացած ներկայութիւն, մեծն մօր արքետիպը կը կապուի աշխարհի կեանք տուող մօր՝ գիշերուան եւ աստղերու արարիչին, ինչպէս նշուած է նախապէս մէջբերուած «Գիշեր» քերթուածին մէջ։ Ամփոփելով՝ մայրը երեխային համար սփոփանքի կաթնաղբիւր կը դառնայ մենութեան մէջ, նոյն այն մենութեան մէջ, որ կը պահանջէ բանաստեղծական ստեղծագործութիւնը եւ իր ստեղծած աշխարհը։

Թուչնաբանութեան փոխաբերութիւն

«Քննադատը որպէս արուեստագէտ» վերնագրեալ փորձագրութեան մէջ, Ուայլտ քննադատը կը պատկերացնէ իբրեւ ստեղծագործ գործակալ, պատշաճ մեկնաբանութեան ընծայելով գեղարուեստական առարկայի ինքնուրոյն բնոյթ. եւ կը յայտնէ՝ «Մեծ Բանաստեղծը ոչ միայն միշտ տեսանող է, որ աւելի քիչ կը տեսնէ մարմինի աչքերով, քան հոգիի աչքերով, այլ իսկական երգիչ է, իր տաղը կառուցելով երաժշտութեամբ, նորէն ու նորէն ինքզինքին կրկնելով իւրաքանչիւր տող, մինչեւ որ ըմբռնէ գաղտնիքը իր մեղեդիին, եղանակելով լուսաթեւ բառեր խաւարին մէջ»։[16] Հոս, բանաստեղծը կը նկարագրուի իբրեւ տեսանող եւ երգիչ, կամ այլ բառերով՝ հոգետես ու Գաղտներգու։

Երգիչներու փոխաբերութիւնը յաճախ կը մա-

Ornithology as Metaphor

In an essay entitled "The Critic as Artist," Wilde envisions the critic as a creative agent, making of exposition an artistic endeavor in its own right, and at one point declares: "not merely (is) the Great Poet always a seer, seeing less with the eyes of the body than he does with the eyes of the soul, but... he is a true singer also, building his song out of music, repeating each line over and over again to himself till he has caught the secret of its melody, chanting in darkness the words that are winged with light."[16] Here, the poet is imagined as a *seer* and *singer*—seer with the soul and singer of secrets.

Singers can often metaphorized in terms of ornithology: birds reach the transcendental world and the sky comes to symbolize this world in poetry. Some of Arlen's preferred authors have versions of this metaphor in their writings. In "The Albatross," Baudelaire elects this bird as "king of the sky" (*roi de l'azur*)—the sky coming to symbolize an unattainable transcendent ideal at the heart of the poet's quest. The albatross is then becomes explicitly juxtaposed with the Poet—a prince of the clouds, familiar "of all high things" including storms and stars.[17] This bears striking resemblance to the incipient soul of the emerging poet who strives to reach a "higher world," with Beauty mediating this process.

Elsewhere, Mallarmé refers to the *cygne*, which comes to represent a depiction of a kind of writer's block, namely, the inability of the poet to create.[18] As for Arlen, the swans floating on a silver lake become a symbol for quiet and peace, in which she can forget time

տուցուի թռչնաբանութեան միջոցով. թռչունները կը հասնին անդրանցական աշխարհ, որ երկինքը կը խորհրդանշէ բանաստեղծութեան մէջ։ Թէնի Արլէնի սրտամօտ հեղինակներէն մէկ քանին թռչնաբան փոխաբերութիւններ կ՚օգտագործեն իրենց գործին մէջ։ Զորօրինակ՝ «L'Albatros»ի մէջ, Պոտլէռի ալբատրոսը կը յորջորջուի «երկնքի արքայ» (*roi de l'azur*), ուր երկինքը կը խորհրդանշէ անդրանցական անմատչելի իտէալը եւ բանաստեղծի որոնումներու կեդրոնը։ Այնուհետեւ, ճկնկուլը բացայայտօրէն կը յարադրուի Բանաստեղծին՝ ամպերու իշխանին, ծանօթ «բոլոր բարձր բաներուն», ներառեալ՝ փոթորիկներուն եւ աստղերուն։[17] Ասիկա զարմանալի նմանութիւն ունի ի յայտ եկող բանաստեղծի սկիզբ առնող հոգիին հետ, որ կը ձգտի հասնիլ «աւելի բարձր աշխարհ»՝ Գեղեցկութեան միջնորդութեամբ։

Այլուր Մալարմէ կ՚անդրադառնայ կարապին (*cygne*), որպէս խորհրդանիշ գրողի յատուկ մտաւոր խցանումին, այսինքն բանաստեղծի ստեղծագործելու անկարողութեան։[18] Իսկ Արլէնի պարագային, արծաթէ լիճի վրայ ծփացող կարապները կը դառնան խորհրդանիշ մը լռութեան ու խաղաղութեան, որուն մէջ ինք կրնայ մոռնալ ժամանակը եւ արուեստին նուիրուիլ (էջ 68)։

Կարապներու կողքին, սոխակն ալ կը դառնայ բանաստեղծութեան հետ առնչուած թռչուն։ «Բանաստեղծը», կը գրէ Շէլլի, «սոխակ մըն է, որ կը նստի խաւարին մէջ եւ կ՚երգէ ցնծացնելու համար իր սեփական առանձնութիւնը քաղցր հնչիւններով. իր ունկնդիրները անտեսանելի երաժիշտի մը մեղեդիներէն հըմայուած մարդոց նման են, որ յուզուած եւ մեղմացած կը զգան, բայց չեն գիտեր թէ ինչպէս կամ ինչու կը բխին զգացումները»։[19]

Ցարգանքի տուրք մատուցանելով Շէլլիի սոխակին, Պոտլէռի ալբատրոսին, Մալարմէի կարապին,

and devote herself to artistic endeavors (p. 69).

In addition to swans, the nightingale is associated with poetry. "A poet is a nightingale," writes Shelley, "who sits in darkness and sings to cheer its own solitude with sweet sounds; his auditors are as men entranced by the melody of an unseen musician, who feel that they are moved and softened, yet know not whence or why."[19]

Paying homage to Shelley's nightingale, Baudelaire's albatross, Mallarmé's swan, Wilde's singer, and also finally the much-cherished Armenian romantic poet Bedros Tourian, who was known as the "Nightingale of Scutari" (Սկիւտարի սոխակը), I find the sobriquet "the Philomel of Obispo" (Օբիսպոսեան փիլոմելը) fitting for Arlen, which references both her ardent love for Ancient Greek mythology and the region she hails from. Etymologically associated with the "lover of song" by Ovid and other writers, the *philomel* is the poetic or literary name for the nightingale, a bird renowned for its song, and alludes of the maiden Philomela's transformation into that bird. While the myth has several variants, Philomela is generally depicted as being raped and mutilated by her sister's husband Tereus, and after obtaining her revenge transforms into a nightingale (*Luscinia megarhynchos*). Because of the violence associated with the myth, the song of the nightingale is often depicted or interpreted as a sorrowful lament. In nature, the female nightingale is mute, and only the male of the species sings; my choice upholds literary tradition over sexual dimorphism.

Ուայլտի երգիչին, ինչպէս նաեւ «Սկիւտարի սոխակ» ճանչուած Պետրոս Դուրեանին, յարմար կը նկատեմ «Օբիսպոսեան փիլոմել» տիտղոսը Արլէնի համար, վկայակոչելով այն քաղաքը, ուր մեծցած է, եւ բուռն սէրը վաղեմի յունական դիցաբանութեան հանդէպ։ Ստուգաբանութեամբ առնչուած Ովիդիոսի եւ այլ հեղինակներու «երգի սիրահար»ին հետ, փիլոմելը թռչունի գրական անունն է, ակնարկելով Փիլոմելայի կերպարափոխութեան առասպելին։ Թէեւ առասպելը քանի մը տարբերակ ունի, ընդհանուր պատկերացումը այն է, որ Փիլոմելան քրոջ ամուսնին՝ Տերեւսի կողմէ բռնաբարուելէ եւ խեղդուելէ ետք, վրէժ կը լուծէ եւ կը վերածուի սոխակի (*Luscinia megarhynchos*), յայտնի իր երգով։ Առասպելի հետ կապուած բռնութեան պատճառով, սոխակի երգը յաճախ կը պատկերացուի կամ կը մեկնաբանուի որպէս տխուր ողբ։ Բնութեան մէջ էգ սոխակը համր է, եւ արուն միայն կ'երգէ. ընտրութիւնս կը պահպանէ գրական աւանդութիւնը՝ սեռական երկձեւութեան (sexual dimorphism) հաւատարիմ մնալու փոխարէն։

Հուսկ բանք՝ նորաշխարհեան գրականութեան կարելիութիւնը հայ գրական աւանդութեան մէջ

Դէպի դասական հայ գրականութիւն վերադառնալու առընթեր, այս ժողովածուն նոր էջ կը հանդիսանայ գրական աւանդութեան համար, յատկապէս նորաշխարհեան բնոյթով. նոր աշխարհ մը՝ այսինքն հիւսիսային եւ հարաւային Ամերիկա, ուր որոշ հայախօսներ նոր հանդիպած կ'ըլլան լեզուին, բայց միեւնոյն ատեն կը փափաքին ներդրում ունենալ իբրեւ հայերէնով ստեղծագործողներ։ «Մտմտալով» անունով բանաստեղծութիւնը առանձնայատուկ է եւ հիմնովին կը կորսուի թարգմանաբար։ Բանաստեղծը հըմայուած է նորայայտ լեզուի «հով» բառի հնչիւնային յատկութիւններով. «հով», որուն /հ/ ձայնը կը կըրկ-

Conclusion: Armenian Literature and the Possibility of New World Literature

In addition to inaugurating a return to the classics of Armenian literature, this collection simultaneously ushers in a new moment for the Armenian literary tradition, in the idiom of the *New World*. In this New World, there are Armenian speakers who might be completely new to the language, yet may have much to contribute to the creation of works in Armenian. Probably the poem that is most inherently Armenian, that is utterly lost in translation, is the one entitled "Musing". On full display is the poet's fascination with the sonorant qualities of the word for "wind" (*hov*) in the newly-found language, which is then cut by the uvular /χ/ (*kh*). In the poem, the poet conjures images and then breathes air into those same images.

> Wind, wind. Wind, rest, carelessness, kitchen. The kitchen. The wind is my mother's words in the kitchen. Fast and wild. The flour trembles under her words, the kettle's steam is dispersed. (p. 49)
>
> *Hov, hov. Hov, hankisd, anhokut'iwn, khohanots'. Khohanots'ĕ. Hovĕ khohanots'in mēch mayrigis pařern ē. Arak ew vayri. Mōrs pařerun dag aliwrĕ gĕ toghay, sanin shokin gĕ ts'rui.*

Used exactly a dozen times throughout the poem, "hov" mingles with interspersed images of nature, a kitchen, and a tired woman who whispers back to the

նուի, յանկարծապէս կը ցնցուի ոլորանային /խ/ ձայնէն (իմա՝ խոհանոց). ապա կը շարունակէ տունը շունչ տալով բանաստեղծական պատկերին։

> *Հով, հով։ Հով, հանգիստ, անհոգութիւն, խոհանոց։ Խոհանոցը։ Հովը խոհանոցին մէջ մայրիկիս բառերն է։ Արագ եւ վայրի։ Մօրս բառերուն տակ ալիքը կը դողայ, սանին շոգին կը ցրուի։* (էջ 48)

Այսպիսով՝ տասներկու անգամ օգտագործուած «հով» բառը կը խառնուի բնութեան, խոհանոցի եւ յոգնած կնոջ պատկերներուն հետ։ Յոգնած կնոջ նման, այս պահուն հովահամբոյր բանաստեղծը հովը կը դարձնէ ազդանիշ մը խորութեանը այն առնչութիւններուն, որոնք կը թափառին բանաստեղծի մտքին մէջ՝ գրելու ատեն։ Բայց հայերէնով է միայն, որ «հով» բառին կրկնութիւնը մտայոյզ ու ականջահաճոյ է միանգամայն, եւ հետեւաբար «մտքին աչք»ին համար կը հեշտացնէ մտորել հիասքանչ բանաստեղծական պատկերը։ Լեզուի եզակիութեամբ հիացած, հայերէն գրել փափաքող բանաստեղծներ, ինչպէս Թենի Արլէն, կը ձգտին լեզուն նոր բարձունքներու հասցնել։

Հայոց բանաստեղծութեան իշխան որակուած Վահան Թէքէեան՝ ծնած Պոլիս եւ թափառած իր կեանքին մեծ մասը իր ժամանակիցներու նման, սեփական բանաստեղծութիւններու կողքին թարգմանած է Պոլէնի քերթողական երկերուն ստուար մէկ մասը, որոնց շարքին կան «Ալպաթրոս»[20] *եւ «Օրհներգ գեղեցկութեան»։*[21] *Թէքէեանի ժամանակակից Մաննիկ Պէրպէրեան՝ մանկավարժ Ռէթէոս Պէրպէրեանի դուստրը, հայերէն բանաստեղծութիւններ գրած է, որոնցմէ ոմանք թարգմանած է ֆրանսերէնի։ Բաց աստի, ան կ՚անդամակցէր Օսքար Ուայլտի հիացողներու խմբակի մը, եւ թարգմանած է անոր*

wind. Much like the tired woman, in this moment, the wind-kissed poet makes the wind signify the inherent depth of associations that lurk in the poet's mind during the writing process. But only the Armenian makes the repetition sound at once exciting to the mind and soothing to the ear, which then facilitates the mind's eye to conjure this luscious poetic image. Fascinated by the singularity the language affords, poets who chose to write in Armenian, like Arlen, may elevate the language to new heights.

Hailed as the "Prince of Armenian Poetry", Vahan Tekeyan, born in Constantinople and itinerant for much of his life similar to his contemporaries, in addition to his own poetry translated a significant number of Baudelaire's works including "The Albatross"[20] and "Hymn to Beauty."[21] Operating in the same milieu, Mannig Berberian, daughter of the famed pedagogue Retheos Berberian, wrote poetry in Armenian, some of which she also translated into French. More interestingly, M. Berberian was part of a group of Armenian writers that revered Oscar Wilde, and she translated Wilde's play *Salomé* from French. The central character Salomé, based on the stepdaughter of Herod Antipas, receives the head of John the Baptist. Salomé—also known as Sulamitha, Shulamith, Soghovme—was celebrated by the Symbolist and Decadent movements right in the midst of the 19th century, and it was during this time that the biblical figure was transformed into a character that embodied the concept of beauty for its own sake, in other words, the incarnation of art. Tenny

ֆրանսերէն «Սալոմէ» թատերգութիւնը, որուն գլխաւոր կերպարը՝ Սալոմէ, հիմնուած՝ Հերովդէս Անտիպասի խորթ դուստրին վրայ, կը ստանայ Յովհաննէս Մկրտիչի գլուխը։ 19-րդ դարու կէսին, խորհրդապաշտ եւ անկապաշտ շարժումները կը գովաբանեն Սալոմէն,—այլ անուններով՝ Սուլամիթա, Շուլամիթ, Սողոմէ—զոր աստուածաշունչէն անդին կերպարի մը կը վերափոխեն, որ ինքնին կը մարմնաւորէ գեղեցկութեան գաղափարը, այլ կերպով՝ արուեստի մարմնաւորումը։ Թենի Արլէն, 21-րդ դարուն կ'ընտրէ Սողոմէն՝ հայկական անունը Սալոմէին, որպէս աւազանի անուն եւ Սալոմէի նմանութիւնը կ'իւրացնէ իր բանաստեղծութեան ինքնութեան մէջ։[22]

Մինչդեռ շատ մը հայ գրողներ, ինչպէս վերը նըշուեցաւ, գրած են իրենց մայրենի լեզուով, Թենի Արլէնի պարագան ուրիշ է։ Այս ժողովածուն դրսաբանութեան (exophony), այսինքն՝ ոչ մայրենի լեզուով ստեղծագործելու սովորութեան արգասիքն է։ Որոշ դրսաբան գրողներ կը բնութագրուին որպէս հիասթափած մայրենի լեզուէն։ Այս սովորութիւնը աննախադէպ չէ հայ գրական աւանդութեան մէջ, որուն ամենայայտնի օրինակը Շահան Շահնուրն է, որ արժանացած էր Prix Rivarol մրցանակին իր դրսաբանութեան ներդրման՝ *Transfert nocturne*ին համար։ Այս պարագային, դրսաբանութիւնը այլ է. ընդհանրապէս հեղինակութիւն վայելող գերիշխող լեզու մը՝ ինչպէս անգլերէն կամ ֆրանսերէն, ընտրելու փոխարէն, դրսաբանութեան այս պարագան կը ցոլացնէ որոշում մը գրելու նոր ձեռք բերուած լեզուով, որ չի վայելեր գերիշխող լեզուներու նոյն ընթերցողներու թիւը։ Ուրեմն ինչո՞ւ գրող մը ընտրէ գրել լեզուով մը, որ իր մայրենին չէ եւ լայն ընթերցողներու լսարան մը չի գրաւեր։

Arlen, now in the 21st century, goes on to elect Soghovme, the Armenian name for Salomé, as her own baptismal name, and channels Salome's likeness into her poetic identity.[22]

Whereas many Armenian writers like the aforementioned ones used their native language to write, Tenny Arlen did not. Rather, her collection is a product of exophony—the practice of creative writing in a non-native language. Exophonic writers are characterized by certain traits such as disillusionment with one's native tongue. This practice is not unknown in the Armenian literary tradition, with the most famous case being Chahan Chahnour's, who was awarded the Prix Rivarol for his exophonic contribution *Transfert nocturne*. However in the present case, the exophony is a reversal—instead of electing the prestige of a dominant language, such as English or French, Arlen chooses to write in the acquired language that does not enjoy the same wide readership as her native English. Why would any writer choose to write in a language that is neither her native one nor attracts a wide readership?

As Gulludjian notes, the motivation of Arlen does not stem from "commitment" (յանձնառութիւն), which entails "duty or obligation," but derives from "falling in love with the language and literature."[23] This is one of the strengths of the new speakers of the Armenian language, since they are not exposed to preconceived notions of "preservation" (հայապահպանում) that become unconsciously inculcated in the minds of Armenian youth through schooling and com-

Ինչպէս կը նշէ Կիւլիւճեան, Արլէնի դրդապատճառին աղբիւրը «յանձնառութիւն»ը չէ, որ կ՚ենթադրէ «պարտականութիւն կամ պարտաւորութիւն», այլ կը բխի «լեզուի եւ գրականութեան սիրահարելէն»։[23] *Նորախօսներու ինքնուրոյն արժէքներէն մէկն այն է, որ անոնք ենթարկուած չեն «պահպանման» գաղափարներուն, զորս դպրոցական եւ համայնքային կեանքը կ՚արմատաւորէ հայ երիտասարդներու մըտքերուն մէջ։*[24] *Արլէնի բնորոշ սէրը հայասիրութիւնը չէ, այսինքն՝ վերացական հասկացողութիւն մը, զոր հայ կազմակերպութիւնները կը յարմարեցնեն իրենց յատուկ արժէքներուն, այլ հայերէնասիրութիւնը, որ այս պարագային կը նշանակէ լեզուի հանդէպ սէր իբրեւ արտայայտութեան ձեւ եւ անոր գեղարուեստական-ստեղծագործական դրսեւորումը գրականութեան մէջ։ Հայերէնի հանդէպ այս սէրը կը բացատրէ Արլէնի ընտրութիւնը՝ իրեն ոչ բնիկ լեզուով ստեղծագործելու, իբրեւ բանալին հայու անձնական ինքնութեան։*

Կիրճով ըսելու՝ ինչո՞ւ հոս եմ *հատորի իւրաքանչիւր ընթերցող կը հանդիպի բանաստեղծութեան վառ տեսլականի մը։ Ուրիշ առիթով կարելի է աւելի ընդարձակօրէն խօսիլ ներկայ հաւաքածոյին մասին եւ անցեալի գրական աւանդութեան հետ անոր երկխօսութեան մասին, ինչպէս նաեւ հետագայ գրողներուն վրայ գիրքին հնարաւոր ազդեցութեան մասին, յատկապէս անոնց, որ յուսահատած կամ լռեցուած կը մնան երբ որոշեն գրել լեզուով մը որ աստիճանաբար կը վտանգուի։*

Արթիւր Իբէք

munity life.[24] Here, said in another way, it is not the love of all things Armenian (Հայասիրութիւն)—an abstract concept that is co-opted by Armenian organizations to align with their particular values—but the love of the Armenian language (Հայերէնասիրութիւն), which in this case is only a particular form of love for language itself as a form of expression, and its artistic/creative manifestation in literature. This love for the Armenian language explains Arlen's choice to engage in exophonic creation as the key to unlocking her personal Armenian identity.

Anyone who reads *To Say with Passion: Why Am I Here?* will come away with a vivid vision of poetry. On another occasion, much more could be said about the way the present collection is in conversation with works that precede it, as well as the potential impact this book may have for writers who come after it, especially those who have felt disillusioned or silenced in their desire to write in a language that is steadily becoming more and more endangered.

Arthur Ipek

✢ ✢ ✢

[1] Bloom, p. 5.

[2] Tsvetaeva, p. 49.

[3] Gulludjian, "Language Vitality", p. 23.

[4] Bachelard, p. 56.

[5] Ֆրանսացի փիլիսոփայ Սիմոն Վէյի (Simone Weil, 1909–1943) մտորումներու արձագանքները զգալի ներկայութիւն մըն են Արլէնի գործերուն մէջ։ Վէյի Աստուծոյ սպասման մէջ (*Attente de Dieu*) գործին մէջ, կը սահմանէ

Ուշադրութիւնը սապէս. «Ուշադրութիւնը կը պահանջէ առկախել մեր մտածումը, եւ ձգել զայն անջատ, դատարկ եւ պատրաստ առարկայի կողմէ ներթափանցուելու»։
For Weil's description to attention, see *Waiting for God*, in which she defines it as: "Attention consists of suspending our thought, leaving it detached, empty, and ready to be penetrated by the object," p. 111.

6 Mallarmé, "L'Azur" ("The Blue"), pp. 20–21.

7 Bachelard, p. 4.

8 *Ibid.*

9 Rilke, *Duino Elegies*, "Ninth Elegy", p. 57.

10 Kant, p. 89.

11 Varuzhan, pp. 88–90; Nichanian, p. 317–319.

12 Nichanian, p. 18.

13 Rilke, *Letters*, p. 41.

14 *Idem*, p. 54.

15 Jung, p. 26.

16 Wilde, "The Critic as Poet", p. 13.

17 Baudelaire, "The Albatross", p. 10.

18 Mallarmé, "Le vierge, le vivace..." ("This virginal long-living..."), pp. 66–67.

19 Shelley, "A Defence of Poetry", p. 116.

20 Tēkʻēean, p. 11.

21 *Idem*, pp. 76–77.

22 Gulludjian, "Tenny and Soghovme"; see above, *էջ* 170 and p. 171.

23 *Idem*, p. 167.

24 Gulludjian, "Language Vitality", p. 19.

Works Cited

Bachelard, Gaston. *The Poetics of Space*. New York: Penguin Books, 2014.

Baudelaire, Charles. *Flowers of Evil*. Edited by Jackson Mathews and Marthiel Mathews. New York: New Directions, 1989.

Bloom, Harold. *The Anxiety of Influence*. New York: Oxford University Press, 1973.

Gulludjian, Hagop. "Language Vitality through Creative Literacy", in *Western Armenian in the 21st Century*. Fresno: California State University Press, 2019.

Jung, Carl Gustav. *The Archetypes and the Collective Unconscious*, in *Collected Works of C. G. Jung*, vol. 9i, 2nd ed. Princeton, NJ: Princeton University Press, 1968

Kant, Immanuel. *Critique of the Power of Judgment*. Translated by Paul Guyer and Eric Matthews. New York: Cambridge University Press, 2000.

Mallarmé, Stéphane. *Collected Poems and Other Verse*. Translated by E. H. and A. M. Blackmore. Oxford: Oxford University Press, 2006.

Nichanian, Marc. *Mourning Philology*. New York: Fordham University Press, 2014.

Rilke, Rainer Maria. *Duino Elegies*. Translated by Stephen Miller. New York: Vintage Books, 2009.

Rilke, Rainer Maria. *Letters to a Young Poet*. Translated by Stephen Miller. New York: Modern Library, 2001.

Shelley, Percy Bysshe, "A Defence of Poetry", in *The Complete Works of Percy Bysshe Shelley*, vol. 7. London: The Julian Editions, 1930.

Tēk'ēean, Vahan. *Amboghjakan erker*, hator 5, *Otanawor t'argmanut'iwnner*. Cairo: Tparan Sahak-Mesrop, 1949.

Tsvetaeva, Marina. "The Poet on the Critic", in *Art in the Light of Conscience*. Hexham: Bloodaxe Books, 2010, pp. 39–63.

Varuzhan, Daniel. *Erkeri liakatar zhoghovatsu*. Yerevan: Haykakan SSH GA Hratarakch'ut'yun, 1986.

Weil, Simone. *Waiting for God*. Translated by Emma Craufurd. New York: Harper & Row, 1973.

Wilde, Oscar. "The Critic as Artist", in *Plays, Prose Writings, and Poems*. New York: Everyman's Library, 1991.

www.ingramcontent.com/pod-product-compliance
Lightning Source LLC
Chambersburg PA
CBHW031316160426
43196CB00007B/559
* 9 7 9 8 9 8 9 8 8 4 5 5 1 *